# 종교와 정치
Religion & Politics

# 종교와 정치 Religion & Politics

초판 1쇄 인쇄 | 2020년 3월 23일
초판 1쇄 발행 | 2020년 3월 27일

**지은이** 김성건
**펴낸이** 임성빈
**펴낸곳** 도서출판 하늘향

**등록** 제2014-31호
**주소** 04965 서울시 광진구 광장로5길 25-1(광장동 353)
**전화** 02-450-0795
**팩스** 02-450-0797
**이메일** ptpress@puts.ac.kr
**홈페이지** http://www.puts.ac.kr

**값** 10,000원
ISBN 979-11-88106-04-2 93230
ⓒ도서출판 하늘향 2020

＊이 도서의 국립중앙도서관 출판예정도서목록(CIP)은
서지정보유통지원시스템 홈페이지(http://seoji.nl.go.kr)와
국가자료공동목록시스템(http://www.nl.go.kr/kolisnet)에서
이용하실 수 있습니다. (CIP제어번호 : CIP2020008275)

# 종교와 정치

Religion & Politics

김성건 지음

하늘향

# 머리말

    2001년 9월 11일 이슬람 테러단의 항공기 납치와 동시다발 자살 테러로 미국 뉴욕의 110층짜리 세계무역센터(World Trade Center) 쌍둥이 빌딩이 무너지고 무려 2,800-3,500명가량의 무고한 사람들이 희생된 대참사가 일어났다. 9·11 테러사건이 발생한 뒤에 아무도 예측하지 못했던 이 엄청난 사건의 배후에 무엇보다도 '종교적' 동기가 자리했음이 밝혀졌다. 그로부터 서구 사회과학계는 그동안 별로 주목하지 않았던 측면, 곧 세계화의 '종교적' 차원에 대해서 새로운 관심을 보이게 되었다.

    한편, 최근인 지난 2019년 3월 15일 그 동안 지구촌에서 가장 평화로운 나라로 알려진 뉴질랜드 남섬 최대 도시인 크라이스트처치의 이슬람 사원(모스크) 두 곳에서 반(反)이슬람 백인 우월주의자 브렌턴 태런트의 총기 테러로 50명의 사망자가 생긴 대량 살인 사건이 발생했다. 이 암살범은 2011년 노르웨이 학살범 베링 브레이비크로부터 영감을 받았다고 알려졌다. 이번 뉴질랜드 총기 테러 사건을 계기로 백인 우월주의 경계론이 확산하고 있고 유럽과 미국 사회의 저변에 잠복한 이슬람 혐오증(Islamophobia)을 극복해야 한다는 주장도 나오고 있다.

이런 맥락에서, 세계 종교사회학계에서 종교의 몰락 혹은 쇠퇴를 의미하는 '세속화'(secularization)와 구별되는 종교가 활력을 되찾는 것을 의미하는 이른바 '재성화'(resacralization)를 주장하는 대표 학자인 영국의 그레이스 데이비(Grace Davie)는 20세기가 끝나고 21세기가 시작된 때 발생한 세 가지 사건을 주목하였다. 1979년의 이란 혁명, 1989년의 베를린 장벽의 철거, 2001년 9·11 테러사건이다.

데이비에 따르면, 이 세 가지 사건에서 유의할 점은 서구 사회과학이 당시 이 사건들에 대해서 전혀 예측하지 못했다는 점이다. 왜 이런 일이 생겼을까? 물론 이런 사건들을 '종교적'이라고만 한다면 이는 너무 단순해 보인다. 모든 사건은 경제적, 정치적, 사회적 그리고 문화적 요인들이 결합하여 발생하는 것이다. 그러나 '종교적' 요인을 분석에서 제외한다면 이것 역시 어리석은 것이라고 생각된다. 실제로 이 세 가지 사건 속에 '종교적' 동기가 자리했던 것이 당시 세계, 적어도 서구의 전문가로 자칭한 사람들에게 충격을 주었다. 9·11 테러사건 이후 사회학자들과 인류학자들은 다음 질문에 대해서 답을 찾고자 노력하였다. "극단적 형태의 폭력을 포함하는 이슬람 급진주의의 증가는 왜 일어나는가?"

이에 더하여 우리의 시선을 지구촌으로부터 현 한반도로 돌릴 경우, 2018년 4월 27일 처음으로 판문점에서 남북정상회담과 같은 해 6월 12일 싱가포르에서 제1차 미북정상회담이 잇달아 개최되었고, 그리고 지난 2019년 2월 28일 하노이에서 개최된 제2차 미북정상회담이 결렬로 끝난 최근까지처럼 한반도의 상황이 급변한 경우가 없었다. 그래서 2018년 여름 싱가포르의 역사적인 미북 정상회담이 개최되기 직전 「기독교사상」(2018년 7월호)은 "급변하는 한반도 정세"란 특집을 기획했다. 이 특집의 권두언에서 박종화 경동교회 원로목사는 "때가 찼고, 바야흐로 하나님의 역사를 만들어내는 평화공존의 시대가 왔다. 이제 남북의 교회는 정-반-합의 변증법적 자세로 새 창조의 시대를 열어가야 한다. 하나님은 남북교회로 하여금 그리스도를 일치의 바탕으로 삼아 성령의 능력으로 하나로 성장하고 영글게 하시며, 하나가 된 새로운 교회를 한반도와 동아시아, 특히 동북아 복음전파의 중심으로 삼으신다는 확신을 고백하고 실천해 나가자"라고 다소 낙관적인 전망을 내놓았다.

반면에 필자는 이 특집에서 "통일 이후의 한국사회 기독교"라는 제목의 글을 통해서 '기독교와 민족주의'의 복합적인 관계를 다시 주목하면서 "한국교회 내에서 현재 보수 세력은 흡수통일을 주장하면서 '선교 지상주의'에, 그리고 진보 세력은 기독교화해론에 부합하는 '통일 지상주의'에 기울어 있다고 분석했다. 결론적으로 보수와 진보로 심각하게 분열된 한국 기독교가 통일 관련 사회통합에 실질적으로 기여할 수 있는 측면이나 방안을 현시점에서 쉽게 제시할 수 없어서 유감이다"라고 다소 어둡게 전망하였다.

종교사회학의 전통적인 대표적 연구주제인 '종교와 정치'는 21세기 들어와서 대외적으로는 9·11 테러사건을 계기로 그리고 대내적으로는 최근의 급변하는 한반도 정세로 인하여 국내 관련 학계에서도 예전보다 한층 중요한 자리를 차지하게 되었다. 종교사회학은 필자의 오랜 전공 분야인데, 필자는 비로소 2020년부터 장로회신학대학교와 대전신학대학교 등에서 드디어 본격적으로 '종교사회학' 강의를 하게 되었다. 그래서 2001년 9·11 테러사건이후 '종교와 정치'에 관한 연구 결과를 여러 학술지에 논문으로 꾸준히 발표한 것을 수정·보완하여 차제에 한 권의 책으로 모아 출판하게 되었다. 제1부는 '종교와 민족 문제'에 관한 세 편의 글로 구성되어 있고, 제2부는 '기독교와 이데올로기 문제'에 관한 세 편의 글로 구성되어 있다. 바라기는 글의 내용이 다소 길고 중첩되는 부분이 있고 부분적으로 쉽지 않지만 '종교와 정치'라는 민감하며 중요한 쟁점에 관심을 갖는 독자들(특히 신학생들)에게 실질적 도움과 지적인 자극이 되었으면 한다. 끝으로, 이 책의 출판을 기꺼이 허락해준 장로회신학대학교 출판부에 감사드린다.

2020년 3월
저자 김 성 건

# 목 차

# Religion
## &
# Politics

# 제1부

## 종교와 민족 문제

# 제1장

## 영 제국의 기독교 선교에 나타난
## 앵글로색슨의 선민의식과 오리엔탈리즘

출처 | "영 제국의 기독교 선교에 나타난 앵글로색슨의 선민의식과 오리엔탈리즘,"
　　　「담론201」6-2 (2004), 163-96.

# Ⅰ. 서론

　　근대 영국은 본래 스코틀랜드 계몽주의에서 발단된 것으로서 이후 고전 사회학자 스펜서(Herbert Spencer)의 '적자생존' 사상으로 대표되는 '사회직 진화론'(Social Darwinism)이 출현한 본 고장이다. 1815년부터 1914년까지 제국주의 시대라 불린 영국은 당시 어느 나라보다도 앵글로색슨 특유의 인종주의와 선민의식, 유럽중심주의가 강하게 존재하였다. 짧은 시간 내에 인도를 위시하여 수많은 식민지를 거느린 제국을 별다른 저항 없이 성공적으로 건설한 대영제국 팽창의 큰 특징은 '인종주의'였다. 즉, 스스로 지구상에서 가장 우수하다고 생각한 자신들의 제도를 전 세계에 퍼뜨리는 사명감과 열등한 인종을 개화시켜야 한다는 '문명화'의 근저에 자리한 인종주의가 대영제국의 건설에 강한 원동력이 되었다(박지향 1998). 간단히 말해, 영국의 제국 팽창의 주요한 동기는 '문명화의 사명'에 있었다.

　　이런 맥락에서 당시 기독교(개신교) 문화가 지배한 영국은 인도와 아프리카 등지에 있는 수많은 피식민지 백성을 대상으로 일종의 '정신적 제국주의'(spiritual imperialism)라 할 수 있는 기독교(개신교) 선교에 뛰어 들었다. 그 결과 기독교는 영국 내외에서 '제국의 종교'(imperial religion)가 되었다. 이 점은 정치적·경제적 제국주의와 영국의 기독교 선교 양자의 관계를 논구한 역사학, 인류학, 신학 분야 등의 수많은 연구들이 오늘날 대체로 합의하고 있는 측면이다(Stanley 1990, 157).

필자는 빅토리아 전성기 영국의 사회구조적 상황에서 사회적 다윈주의(진화론) → 인종주의(앵글로색슨주의) → 제국주의 → 영국을 이스라엘로 간주하는 선민사상(British-Israelism 또는 Anglo-Israelism, 이하 영국-이스라엘 이론 혹은 주의) → 기독교 선교 간의 지성사적 상호 영향 및 연관을 중시한다. 그로부터 이 글에서 영국의 제국주의 시대 당시 사회 상황과 역사적으로 깊은 관련을 갖고 전개된 일종의 '정신적 제국주의'로서 앵글로색슨계의 기독교 선교에 드러난 (1) 인종주의의 특징과 (2) 타자인식으로서의 오리엔탈리즘의 구체적 실체를 앞에서 언급한 '영국-이스라엘주의'를 중심으로 밝혀내고자 한다. '영국-이스라엘주의'는 국내에서는 현재까지 거의 연구된 바가 없으나, 국외에서는 최근 들어 종교적 종파(sects)나 사이비 신흥분파(cults)를 연구하는 영국과 미국의 일부 종교사회학자와 역사학자들에 의해서 산발적으로 연구[1]가 진행 중에 있다.

지식사회학 및 역사사회학적 관점 속에서 근대 영국의 제국사 혹은 식민사에 관심을 갖는 필자가 대체로 문헌연구를 통해 수행할 이 글에서 주로 주목하고자 하는 대상은 앞에서 언급한 이른바 '영국을 이스라엘로 간주하는 선민의식'으로 알려진 흥미로운 사상이다. '영국-이스라엘 이론'으로 직역될 수 있는 이 사상(이론)은 한 조직의 이름이 아니라 오늘까지도 미국과 유럽에서 조직적 표현을 갖는 역사적 (종교)운동의

---

1  대표적 연구로서, Reisenauer(1997)을 볼 것.

이름이다.

이 운동의 주요한 이념은 오늘날의 영국(Great Britain)이 옛 이스라엘의 열두 지파들 중 남북이 분열된 북왕국 이스라엘의 잃어버린 열 지파(부족)가 살고 있는 지리적 고향이라는 것이다. 그런데 이 같은 믿음이 의미하는 것은 현재의 앵글로색슨족이 기독교의 신(하나님)이 선택한 민족 즉, 선민(選民)이라는 것을 말한다. 이 운동은 20세기로 바뀔 무렵 영국의 제국주의 사상, 인종적 정체성 그리고 영국 및 특히 미국의 반(反)유대주의(Anti-Semitism) 등에 중요한 의미를 갖는 것으로 오늘날 평가되고 있다.

이 글의 주요한 목표는 제목이 말해주듯, 유럽 개신교 국가들 중 특히 영 제국 히 앵글로색슨 개신교회의 구성원들 및 그 선교 사여에 나타난 비서구인식(타자인식) 즉, 오리엔탈리즘을 깊숙이 파헤쳐 보는데 있다. 영국을 성서에 나오는 이스라엘에 비유하는 독특한 선민의식과 이 선민의식과 밀접하게 결합한 앵글로색슨족의 인종주의가 반영된 오리엔탈리즘 양자는 사실상 동전의 양면에 해당한다고 볼 수 있다. 이로부터 필자는 영 제국 하에서 기성 개신교회의 중심 교리를 부정하지 않고 성서적 근본주의에 기초하여 교회를 중심으로 활약한 앵글로색슨계 영국-이스라엘주의자들의 민족중심주의적 주장과 그 사회적 의미에 초점을 모을 것이다. 그러면서도 제1의 식민지였던 인도와 그리고 아프리카의 수많은 식민지에서 펼쳐진 앵글로색슨의 개신교 선교에도 일정한 관심을 모아 논의해 보고자 한다.

구체적으로, 서론 다음의 제II장에서는 근대 영국의 식민정책이 간접통치에서 직접통치(신 제국주의)로 그 기조가 뚜렷이 바뀐 1880년대에 주목하면서, '신 제국주의'와 '사회적 다원주의'사이에 존재하였던 역사적 연관에 초점을 모아 논의할 것이다. 다음으로 제Ⅲ장에서는 이 글의 중심적 본론으로서 유럽의 여러 나라들 중 유독 근대 영국에서 '제2의 이스라엘'을 자처한 독특한 선민의식('영국-이스라엘 주의')이 제국주의 시대 속에 태동한 원인, 발전 과정, 주요 주장(이론) 및 신학적 특징 등을 차례로 검토할 것이다. 그로부터 중심적 본론의 마지막에 해당하는 제Ⅳ장에서는 '식민지와 선교'에 초점을 모아 앵글로색슨의 특유한 인종주의가 배경이 되어 비서구 이방인의 '문명화'를 목표로 전개된 앵글로색슨 진영의 개신교 선교에 드러난 영국의 비서구 타자인식 즉, 오리엔탈리즘에 대하여도 선교사회학(sociology of missions) 및 관련 문헌 자료를 중심으로 체계적으로 논구해 보고자 한다. 결론인 제Ⅴ장에서는 서구에서 기원한 오리엔탈리즘의 전체 계보에서 사실상 계몽주의와 버금가는 중요한 위치를 차지하면서도 그동안 별로 주목되지 않은 '영국-이스라엘 이론'이 어떤 위치를 차지하는지에 대하여 새롭게 조명해보고자 한다. 그리고 결론의 마지막 부분에서는 부시정부의 이라크전쟁과 이것이 초래한 9·11테러 등 국제정치의 흐름을 염두에 두면서 '영국-이스라엘 이론'에서 잘 예시된 세계화의 주역인 앵글로색슨의 선민의식이 탈식민지 담론이 전개되고 있는 오늘의 상황에서 어떤 의미와 시사점을 갖는지에 대해서 필자의 의견을 나름대로 간단히 개진해보려 한다.

# II. 신 제국주의와 사회적 다윈주의의 역사적 연관

## 1. 제국주의와 세계 역사

저명한 영국사학자인 아미티지(David Armitage)는 최근 저서 『영 제국의 이데올로기적 기원』(2000)에서 잉글랜드, 웨일즈, 스코틀랜드, 프로테스탄트(개신교) 아일랜드 및 신세계의 영국 영토들을 포괄하는 하나의 정치적 공동체로서 '영 제국'(the British Empire)이란 개념의 출현은 오랜 시간이 걸려 태동한 것이었다고 본다. 이것의 한 원인은 바로 17세기까지 '영국인으로서의 정체성'(Britishness)이란 개념적 언어와 '제국'(empire)이란 개념적 언어가 영국 제도(諸島) 내의 훨씬 제한된 공동체 만을 기술하는데 쓰였기 때문이다. 그로부터 18세기 전반이 되어서야 비로소 이 두 언어가 공통적으로 서반구 내에서 영어를 사용하는 전체 영토 내의 보다 큰 공동체 즉, 단일의 조직인 '제국'의 모든 구성원을 지칭하는 것으로 쓰이게 되었다.

이로써, 오늘날 대부분의 영국사 연구자들 가운데 18세기는 '영국인으로서의 정체성'의 형성과 그에 따른 '안정의 시기'라는데 일정한 합의가 이루어져 있다(김대륜, 1999). 일반에게도 잘 알려져 있듯이, 잉글랜드(England)와 구별되는 영국(Britain)의 정체성의 뿌리는 영국인들이 누리고 있는 개신교와 정치, 경제적 자유에 대한 관념이다(김대륜 1999, 189). 대표적인 영국사 연구자인 콜리(Linda Colley)에 따르면, '자유롭게 태어난 영국인'(실은 잉글랜드인)이라는 관념은 이미 17세기의 혁명을 통해서 확산된 것이었지만, 이러한 관념이 영국인 전체에 확산되고, 그리고 그것이 하나의 거대한 편견 구조로 자리 잡은 것은 18세기였다(Colley 1992, 36). 이에 더하여 콜리는 18세기 전반에 걸쳐 영국과 프랑스의 제국주의적 경쟁과 전쟁이 영국에서 국민 형성으로 이어졌다고 본다.

세계사의 관점에서 볼 때, '제국주의'(imperialism)란 용어는 19세기 중반에 처음으로 쓰였는데, 당시 제국주의는 유럽의 산업경제와 문화가 전 지구적으로 확대되어 열대세계를 발견하고 착취한 것으로 정의될 수 있다(Parsons 1999, 2-3). 구체적으로, 1815년부터 1914년까지 이른바 '제국의 세기' 동안에 영국은 해외에서 1천만 평방마일의 영토와 대략 4억 명의 사람들을 자신의 제국에 더하게 되었다. 여기서 중요한 측면은, 당시 유럽의 많은 국가들(예: 프랑스, 독일, 러시아, 이태리 등)이 영국처럼 제국적 영향을 행사한 것이 사실이지만, 그중 영국이 단연 제국적 힘을 발휘한 선두주자였고, 그 결과 다른 경쟁국들보다 더 많은 영토와 영향을 획득하게 된 사실이다(Parsons 1999, 3-4). 구체적으로, 영국은 19세기 중반에 싱가포르(1818년), 포클랜드섬(1833년), 아덴(1839년), 홍콩(1842년), 라고스(1861년) 등과 같은 유용한 영토를 획득하였고, 뉴질랜드(1830년대)와 네이탈(1842년) 역시 병합하였다. 그렇지만, 영국의 19세기 중반 제국주의자들은 해외 영토들 중 대부분에 대해서 '공식적' 통치보다는 '비공식적' 영향을 행사하는 것을 선호하였다(Parsons 1999, 5).

## 2. 영국과 신 제국주의 , 그리고 사회적 다원주의

영 제국의 역사적 존재와 관련하여, 상당수 역사학자들은 무엇이 영국으로 하여금 19세기에 새로운 해외 제국을 소유하도록 동기를 부여하였는지에 대해서 설명하고자 노력하고 있다. 일부는 1880년대 이후 영국이 아프리카와 아시아에서 영토를 추가로 획득하게 된 것은 그 이전에 영국이 보여준 제국정책과는 본질적으로 구별되는 '신 제국주의'에 의해서 가능하게 되었다고 본다(Parsons 1999, 6). 반면에 여타의 학자들은 19세기 전체를 통하여 영국의 제국정책은 거의 변화하지 않고 그대로였다고 반박한다. 신 제국주의를 중시하는 이들에 따르면, 영국이 제국을 추가적으로 계속 넓히게 된 데는 당시 유럽의 라이벌들과 정치적, 경제적 경쟁이 증가한 것으로부터 비롯되었다. 그 결과 영국은 자신의 이익을 보호하기 위해서 비공식적 영향에 의존하였던 데서 탈피하여 점령 지역에 대하여 공식적 통제를 수립하도록 강제되었다. 영국의 제국주의적 동기를 둘러싼 이 같은 뚜렷한 이견(異見)에도 불구하고, 오늘날 대부분의 역사학자들은 하나의 영 제국을 건설하기 위한 능력은 영국의 '경제적', '군사적' 우월성 속에 이미 예상된 것이었다고 본다. 문제는 이렇게 제국주의의 역사를 '유럽적 동기'에 초점을 모을 경우 이것은 영국에게 부당할 정도의 '문화적' 우월성을 갖다 준다는 것이다(Parsons 1999, 6).

18-19세기 잉글랜드의 중간부류가 대표한 영국인들의 제국주의관은 자신들의 제국은 스페인이나 프랑스의 전제적인 절대주의 국가의 제국과는 근본적으로 다른 것이라 생각했다(김대륜 1999, 204). 그 차이

의 핵심은 스페인과 프랑스는 식민지에 대해서 지배권을 행사하는 것을 목표로 하는 반면에 잉글랜드는 식민지들의 자유를 보장하고 그들을 '문명화'하는 보호를 목표로 했다는 것이다. 이들에 따르면, 그런 차이가 나타나는 원인은 잉글랜드인들이 전통적으로 누리는 자유와 그것에 바탕을 둔 자유로운 헌정질서가 존재하기 때문이다. 식민지는 잉글랜드의 지배를 통해 자유와 문명화의 혜택을 받고, 또한 잉글랜드인들은 식민지에서 그들의 정체성을 이루는 남성다움, 독립, 덕성을 마음껏 실현할 수 있는 기회를 찾았다(Pagden 1995, 제5장). 간단히 말해서, 제국의 시대를 살았던 많은 영국인들에게 제국의 소유는 영국적인 것의 본질적 부분으로 이해되었다(박지향 1998, 162). 1880년대 이후 영 제국의 정책에 따르면, 19세기 중반의 비공식 비유럽인들은 '모더니티'(근대성)[2]를 취급할 수 없었고, 이들은 진화적 발전의 저급한 단계에 있기 때문에 영국의 우월한 문화의 장점을 인식할 수 없었다. 이 같은 식의 추론에 의해서 '검다는 것'(blackness)은 '후진성'(backwardness)과 동일한 것으로 치부되었다. 사회진화론자들은 골상학 및 비교 해부학의 의사(擬似)과학적 연구를 사용하여 아프리카인들과 아시아인들의 열등성을 '증명'하는 새로운 학문 분야를 개발하였다. 이렇듯 그럴듯한 주장에 기초하여 영국의 제국주의자들은 비유럽인들은 스스로 통치할 능력이 없기 때문에 자신들이 이들을 통치하는 가부장적 의무를 갖는다고 결정하였다. 역사적으로 보아, 영국에서 일반 공중의 이런 기분은 1857년

---

2  16세기이래 1950년대까지 전개된 베버적 '근대성'의 유럽적 모델은 흄(David Hume), 스미스(Adam Smith), 맑스(Karl Marx) 및 비스마르크(Otto von Bismarck) 등의 역사적 비전에서 중심되는 자리를 차지했다. 이는 곧, 자본주의와 개인주의 및 중간계급의 발흥, 군대와 관료제를 소유했으나 대의적 기구에 의해 견제되는 중앙집권적 정체(政體)와 법의 지배, 세계의 주술로부터 깨어남(the disenchantment of the world)과 과학의 표지 아래 합리성의 출현 등을 의미한다(Armitage 1999, 435-36).

인도의 반란(폭동), 그리고 1865년 자메이카에서 예전에 노예였던 사람들이 일으킨 반란 등으로 인해 더욱 강화되었다. 즉, 영국의 대부분의 공중은 비유럽인들은 문명을 누릴 수 없다고 가정하였다. 그로부터 간단히 말해서, 영국의 제국주의자들은 자신들의 '문화적' 우월성에 대해서 확신하였다. 곧, 그들은 19세기 후반 영국에서부터 시작된 산업혁명이 보여준 기술적 발전이 그들로 하여금 세계의 열대지방에 자신들의 영향을 상대적으로 쉽게 확대하는 것을 가능하게 해주었다고 생각하였다. 영국의 약제(藥劑)와 커뮤니케이션의 발달만큼 인상적인 것으로서 무엇보다도 근대의 군사적 기술의 발달이 유럽과 비유럽 세계간의 힘의 균형에 혁신적 변화를 초래하였다. 대국(大國)인 중국을 상대로 한 아편전쟁에서 영국의 승리를 필두로 하여 소수의 영국군이 별다른 저항 없이 아프리카 곳곳을 너무나 쉽게 점령하게 되는 일련의 군사적 지배과정이 '적자생존'에 대한 사회적 진화론자들의 확신을 한층 강고하게 해주었다(Parsons 1999, 26).

## III. 앵글로색슨의 선민의식('영국-이스라엘 이론')

### 1. 앵글로색슨의 인종주의와 타자 인식

19세기 영국인들은 '앵글로색슨주의'(Anglo-Saxonism)라고 부를 수 있는 독특한 인종 의식을 발달시켰다. 앵글로색슨주의의 핵심은 앵글로색슨 인종이 자유와 정의의 효율을 합친 헌정 체제를 통해 그들 자신은 물론 남들도 통치할 능력을 부여받았다는 믿음이었다(박지향 1998, 172). 이것은 5세기로 거슬러 올라가는 색슨인의 자유에서 유래하는 앵글로색슨의 천재성으로서 다른 사람들에게 이전될 수 없는 특별한 재능으로 간주되었다. 다시 말해 영국의 우월함은 교육이나 기후나 경제 같은 쉽게 정의될 수 있는 것들의 결과가 아니라 '영국 인종의 독특한 속성'에서 기인한다는 주장이었다(Huttenback 1976, 15). 그래서 19세기에서 20세기로 전환한 시기에 식민성 장관이던 챔벌린(Joseph Chamberlin)은 영국 인종이 세계에서 가장 위대한 지배 인종으로 프랑스인들보다 프랑스를 더 잘 통치할 수 있다고 주장하였다(박지향 1998, 165-166). 그로부터 공리주의를 인도 역사에 적용하여 파악한 밀(James Mill)에 따르면, 한 사회에서 '효용'이 얼마나 적용되고 있는 가에 의해 문명의 정도를 측정한 결과, 문명 사다리의 맨 위에는 앵글로색슨이 위치하였고 다음에 독일인이, 다음에 프랑스 등 라틴국가들의 순으로 배치되었으며, 훨씬 밑에 아시아, 아프리카 사회가 위치했다(Mill 1820).

이런 맥락에서 영국의 제국 팽창에서 가장 눈에 띄는 현상이 '문명화'의 사명이었다(박지향 1998, 165-166). 곧, 자신들의 정치제도, 특히 그들이 누리는 자유와 헌정 체제에 대한 자부심이 대단히 강했던 영국인들은 그 자부심에 촉발되어 '미개인들의 지도자, 안내자'로서의 역할을 자임하게 되었다. 특히 앵글로색슨 인종은 뒤에서 상술할 '영국-이스라엘 이론'에서 잘 드러날 것이지만 이 세상의 다른 모든 인종들과 구별되는 통치 능력을 부여받았다고 믿었다. 그 때문에 그들은 자신들뿐만 아니라 남들도 통치해야 한다는 사명감을 갖게 되었는데, 그 능력은 고대의 색슨인의 자유에서 연유하며, 자신들만이 자유와 정의를 최고의 효율성과 결부시킨 헌정적, 법적 체제를 발달시킬 수 있었다는 믿음이었다.

영국사를 전체로 볼 적에, 영국의 힘과 영향력이 절정에 도달한 시기였던 1860-90년대에 앵글로색슨주의의 신화와 선전 역시 그 절정에 이르렀다. 즉, 이 때에 잉글랜드 국민의 인종적, 문화적 성취를 다른 인종(국민)과 다른 문화의 실패라는 관점에서 측정하려는 시도가 활발하게 나타났다. 여기서 주목을 끄는 부분은 영국의 경우에 비록 오도된 것이기는 하나 '종교'(개신교)가 뒷받침한 강한 사명감이 식민정책의 기저에 흐르고 있었다는 사실이다. 이는 다른 말로, 영국의 제국주의적 사고에는 서로 반대되는 그리면서도 영원히 공존하는 두 개의 흐름 즉, '강력하면서도 선하고 싶은 욕구'가 공존하고 있었다(Tidric 1990, 198). 그 결과 영 제국에서 나타난 영국인의 인종적 편견은 자신들의 도덕적 우월감 곧, 자신만만한 영국인의 정체성의 확인으로부터 발생하였다(박지향 1998, 194).

## 2. 앵글로색슨의 선민의식(1): 영국-이스라엘 이론을 중심으로

앞에서 살펴본 앵글로색슨 특유의 인종주의와 깊게 연결된 것으로서 이들에게서 강하게 나타나는 '선민의식'은 오늘날 단순히 '(크리스천) 아이덴티티 무브먼트'(the Identity Movement)라 불리는 이론에 특별히 주목하여 접근해볼 필요가 있다(Gordon 1986; Barkun 1997). 이 '아이덴티티 이론(운동)'은 예전에는 서론에서 이미 언급한 '영국-이스라엘 이론'(Anglo-Israelism 또는 British-Israelism)으로 지칭된 것이다. 이 '아이덴티티 운동'은 오늘날의 앵글로색슨족을 고대 '이스라엘'의 생물학적 후손으로서 동일시하는 개인이나 집단들로 구성되어 있다. 구약의 선지자 예레미야에 의해서 최초로 선포된 새로운 성약(聖約, covenant)은 하나님이 이스라엘과 맺은 것으로서 예수 그리스도가 이 새로운 성약을 확증하기 위해 세상에 왔다는 것이다. 그 결과 예수가 이스라엘을 구원하였다. 즉, 예수의 죽음은 이스라엘이 거룩한 땅에서 추방당하기 직전에 깨뜨려진 하나님과 이스라엘 사이의 관계를 재정립하였다(구약 열왕기하 17장). 그래서 이들은 앵글로색슨족이 하나님의 선민(選民)으로서 여호와 하나님이 아브라함과 그 자손에게 약속한 모든 것의 상속자라고 본다. 이 이론에 따르면, 예전에 솔로몬이 죽은 후 왕국이 남왕국과 북왕국으로 분열되었는데,[3] 북왕국인 이스라엘의 잃어버린 열 지파는 유다와 베냐민 두 지파와 약간의 레위인들로 구성된 예루살렘에 집중된 고대 남왕국 즉 유다로부터 뚜렷이 구별된다. 또한 아이덴티티 운동은 오늘날의 영국과 미국이 이스라엘이 과거에 소유했던 것을 갖고 있고, 이스라엘이 하고자 했던 바를 현재하고 있다고 믿는다. 그래서 현대 앵글로색슨족(이스라엘 민족)은 유대인(유다민족)과 뚜렷이 구별된다. 달리 말해, 현대의 유대인들은 유다 가문의 생존자들로서 '이스라엘'로부터 뚜렷이 구별된다. 이로써, 오늘날 아이덴티티 운동에 의해서 채택된 성서와 역사에 대한 관점[4]은 명백하게 친(親)백인적인 인종적 편견과 반(反)흑인적, 반(反)유대인적 입장을 갖다 주었다(Gordon 1986, 55).

---

**3**　구약 열왕기상 11장 43절-12장 20절.

본래 영국-이스라엘 주의자들은 영국인 혹은 앵글로색슨 인종이 B.C. 8세기에 앗시리아인들에게 점령당해 포로가 된 이스라엘의 '잃어 버린 열 지파'5로부터 직접 내려왔다고 주장하였다(Reisenauer 1997). 이 이론에 따르면, 영국인은 이스라엘 민족의 인종적 후예들로서 하나님 이 선택한 백성이고 의미 있는 축복의 수혜자들이다. 그런데 19세기 후 반 동안에 영국의 제국 확대가 사람들로 하여금 '선민'(God's chosen people)에 대한 주장을 수용하도록 부추김에 따라, 이 이론은 놀랍게도 유행하였다(Little 1903, 77-78). 즉, 1900년까지 이 아이덴티티 이론은 영 제국과 미국 전역에서 무려 약 2백만 명이나 되는 많은 지지자(신봉 자)를 갖게 되었다(Hyamson 1974, 482).

그런데 이 '영국 이스라엘 이론'은 아지까지 그 기원에 대해서 뚜렷 한 합의가 이루어지지 않은 것으로서, 일부 학자들은 1600년대에 스스 로 고대 이스라엘 백성의 영적 후손이라고 주장한 영국의 청교도들(Pu- ritans)로부터 이 이론이 기원하였다고 주장하고 있다. 이렇듯 이 이론 은 사실상 19세기 훨씬 이전의 이념 속에 그 뿌리를 갖는다고 볼 수 있 다. 즉, 영국(Britain)을 '대리적' 이스라엘로 자리매김하는 관행은 이미 엘리자베스 I세의 통치기 동안 뚜렷하였고, 17세기의 시민전쟁과 정치 적 공백기간 중에 매우 흔한 것으로 변모하였다(Reisenauer 2003, 959). 프랑스 혁명과 나폴레옹 전쟁 중에 '영국-이스라엘 이론'은 캐나다 태

---

4　아이덴티티 운동의 이론은 특정한 성경 구절들(예: 구약성서 호세아 1장 9절, 이사야 24장 15절, 예레미야 3장 12절, 미가 5장 3절, 이사야 49장 19-20절, 신명기 28장 1절 및 32장 7-8절, 창세기 48장 19절, 민수기 24장 8-9절, 에스겔 17장 3절, 창세기 22장 17절 및 24장 60절 등)에 대하여 매우 문자적 해석을 한 것에 상당할 정도로 의존하여 이루어졌던 것이 주지의 사실이다(Hyam-son 1974, 483).
5　구약성서 창세기 49장에 따르면, 이들 열 지파는 르우벤, 시므온, 스불론, 잇사갈, 단, 갓, 아셀, 납달리, 에브라임, 그리고 므낫세이다.

생의 해군 장교로서 자신을 다윗 왕의 후손 곧, '하나님의 조카'라고 자칭하였고 그로부터 잉글랜드의 왕권까지 계보가 이어진다고 주장한 브라더스(Richard Brothers, 1757-1824)의 저작을 통하여 잠시나마 공중의 주목을 받게 되었다(Reisenauer 2003, 959). 그렇지만 브라더스는 정신질환자로 취급되었고, 그가 죽을 때까지 그의 이념은 별 지지를 받지 못했다.

그 후 영 제국의 열광이 19세기 마지막 십 년 즉, 1890년대의 기간 중에 절정에 달하게 되었을 때, 기독교 설교자들과 정치가들 양자는 당시 영국의 영광과 영국이 의무로서 해야 할 책임을 현장화 시키기에 쓸모 있는 모델을 고대 히브리 성서 속에서 찾았다. 이로써, 19세기 후손들로부터 그 이전의 이념들을 분리시키는 것은 바로 '인종(race)의 기능'이다. 즉, 1830년까지만 해도 브리튼(영국)을 이스라엘과 결합시키는 것은 거의 순전히 비유적인 것이었다(Colley 1992, 30-33). 그러던 것이 1890년대에 들어와서는 이제 영국은 이스라엘과 '동일한' 존재로 여겨졌거나 아니면 하나님의 눈으로 볼 때 심지어 이스라엘을 대치하는 것으로까지 여겨졌다(Reisenauer 2003, 960). 그리하여 브라더스 같은 일부 사람들은 영국인과 이스라엘인 두 국민 사이에 (기껏해야 단지 모호한 개념일 뿐이지만) 상당한 '생물학적' 연관이 있다고까지 제안하였다.

역사적으로 보아, '영국-이스라엘 이론'이 최초로 공식적으로 의미 있게 표출된 계기는 일반적으로 일찍이 1840년에 윌슨(John Wilson)의 연구—영국인의 이스라엘적 기원에 대한 강의[6]—로부터 비롯되었다고 알려지고 있다(Gordon 1986, 53). 윌슨은 기독교 골상학자이며 이름난

---

6    Lectures on Our Israelitish Origin.

히브리 학자, 종교 교사였는데, 당시 영국의 이스라엘주의자들은 그를 '이스라엘 재발견의 아버지'로 받아들였다. 윌슨은 강의와 연구를 통하여 영국인의 조상이 히브리인이라는 것을 일관되게 증명해 보였다. 곧, 성경과 헤로도투스(Herodotus) 및 터너(Sharon Turner)의 『앵글로색슨의 역사』(History of the Anglo-Saxons)를 사용하여 윌슨은 이스라엘 민족이 앗시리아인들에게 포로가 되어 '사라져 버린' 거의 바로 같은 그 때 그리고 같은 장소에서 출현한 스키티안(Scythians)의 특정 종족 속에서 잃어버린 이스라엘 민족을 발견하였다고 주장하였다(Wilson 1840). 그로부터 '영국-이스라엘 이론'에 따르면, 이 백성 특히 '사카이'(Sakai) 혹은 '사카에'(Sacae)족은 점차 북서 유럽으로 이주하였고, 마침내 기독교 시대의 최초 수세기 중에 영국(브리튼)에 정착하였다. 일단 정착하게 되자, 이들의 수는 증가하였고 그들은 지구의 끝까지 퍼져나가는 강한 지배적 민족이 되었다. 윌슨은 '영국-이스라엘 이론'에 관한 최초 공중 강연을 1836년에 행하였고, 그의 가장 중요한 저작인 『우리의 이스라엘적 기원』의 제1판이 1840년에 등장하였다. 그가 강의, 저작 및 심지어는 잡지 출판 등을 통해 자신의 이념을 전하고자 모든 가능한 방법을 다 동원했지만, 그의 이론은 자리를 잡는데 오랜 시간이 걸렸다. 즉, 잠시 동안 관심이 싹튼 바 있지만, 윌슨의 이념은 20년 이상이나 공중의 시야에서 떨어져 나갔다.

그러던 중 1870년대에 들어와서 윌슨의 주장에 대한 지지자들이 성서 연구 진영을 중심으로 출현하였고, 그 결과 영국인의 히브리적 기원의 가능성에 대한 호기심이 부활하였다(Reisenauer 2003, 961). 대표적 예로서, 이집트의 거대한 피라미드 연구로 유명한 스미스(Piazzi Smith)가 윌슨의 주장에 대한 신봉자가 되었다(Gordon 1986, 53). 미국

에서 『두 개의 지팡이 혹은 발견된 이스라엘의 잃어버린 지파들』(1887)[7]
이라는 책의 저자이며 동시에 브레드런 교회(the Church of the Brethren)
의 목사인 에쉘만(M. M. Eshelman)이 초기 주창자가 되었다. 그의 뒤를
이어 『앵글로-이스라엘 혹은 성서의 잃어버린 지파들로 판명된 색슨인
종』(1889)[8]의 저자인 캐나다 목사 풀(W. H. Poole)이 나타났다. 그 후 초
기 주창자인 에쉘만과 풀 두 사람과 뜻을 같이한 사람이 알렌(J. H. Al-
len)으로서 그의 『유다의 (왕권의 상징으로서) 홀(笏)과 요셉의 장자 상속
권』(1902)[9]은 재림주의자와 독자적인 성경학자 진영 속에서 '앵글로-이
스라엘 사상'을 확산시키는데 단일의 가장 중요한 도구가 되었다. 알렌
에게서 나타난 주장을 읽고 이를 수용한 디킨슨(Merritt Dickinson)의 노
력을 통해서 앵글로-이스라엘 사상이 제칠일 안식교(the Church of
God, Seventh Day)에 들어가게 되었다. 그 결과, 안식교의 목사인 암스
트롱(Herbert W. Armstrong, 1892-1986)이 세계안식교의 지도자로서 '영
국-이스라엘주의'의 가장 성공적인 주창자가 되었다.

　　앞에서 살펴본 바와 같이 앵글로색슨주의의 인종주의적 특징을 보
여주는 중요한 현상으로서 '영국-이스라엘 이론'은 제국주의적 열광이
빅토리아 후기에 증가한 것과 대체로 일치하여 출현하였다. '영국-이스
라엘 이론'에 대한 관심의 부흥은 비록 그것이 일정한 종교적 개념과 이
미지에 의존하였고 또한 성경 예언에 대한 문자적 해석에 의존하였지
만, 종교적인 것보다는 훨씬 더 인종적이고 제국적인 것이었다는 점에
서 놀랄 일이 아니다. 간단히 말해서, '아이덴티티 운동'의 주요한 명제

---

**7**　*Two Sticks or the Lost Tribes of Israel Discovered.*
**8**　*Anglo-Israel or the Saxon Race Proved to be the Lost Tribes of the Bible.*
**9**　*Judah's Sceptre and Joseph;s Birthright.*

는 다음과 같은 것이다.

> 영국인이 크리스천 시대에 아시아의 서쪽 경계에서 역사로부터 사라
> 진 이스라엘의 가문이며 (모두 유대인으로부터 구별되는) 열 지파의 후손
> 들이며 상속자들이다. 이들은 거대한 스키타이족의 이주와 함께 유럽
> 으로 들어왔고, 다난(Danaan), 색슨(Saxons), 노르만(Normans) 같은 서
> 로 다른 이름 아래 서로 다른 경로를 따라 천천히 계속 서쪽으로 여행
> 하였다. 그로부터 마침내 여기 '서구의 제도'(諸島)(the "Isles of the
> West") 속에서 재통합하였다. 오늘날 이들은 이 세계를 제국의 "위대한
> 울타리"로 둘러싸기 위해서 그들의 군대를 내보내고 있다(Cock-
> burn-Muir 1877, 3-4).

이로써 여기서 확인할 수 있는 것은, '영국-이스라엘 이론'은 진정
으로 종교적 신조가 되는 것이 아니라 단순히 영국의 인종적, 제국적
정체성을 구축하고 지지하기 위해서 유대교와 기독교 개념들을 사용했
음을 알 수 있다. 그래서 '영국-이스라엘 이론'의 주창자들은 그들이 하
나의 종파나 분파를 설립하는 것이 아님을 설명하는데 주의를 기울였
다. 그들은 '영국-이스라엘 이론'을 추종하는 사람들이 각자의 교회에
머물도록 촉구하였고, 단지 세계에서 영국의 위치를 보다 잘 이해하는
데 '아이덴티티'를 쓸 것을 강조하였다. 그 결과 '영국-이스라엘 이론'을
따르는 이들은 대부분의 기본적인 개신교 교리와 그 책자, 강의 등을
수용하였다. 또한 이들은 개신교의 칭의(稱義, justification), 신앙고백의
정립(confessionalization) 및 도덕에 관한 토론을 일상적으로 피했다. 대
신에 그들은 '앵글로색슨 인종'의 히브리적 기원에 대한 중심적 주장과

일치하는 표징을 찾는데 에너지를 집중시키는 것을 선호하였다.

역사적으로, 이 아이덴티티 운동은 잉글랜드에서 1920년대에 절정에 달하였고, 그 뒤 1930년대 대공황은 미국에서 이 운동이 인기를 끌게 되는 배경 요인이 되었다(Barkun 1997, 17-46). 이로써 이 운동은 20세기로 바뀔 무렵 영국의 제국주의 사상, 인종적 정체성, 그리고 영국 및 특히 미국의 반(反)유대주의 등에 중요한 의미를 갖는 것으로 오늘날 평가되고 있다.


## 3. 앵글로색슨의 선민의식(2): 영국-이스라엘 신학을 중심으로


한편, 영 제국이 그야말로 정점에 달했던 시기인 1897년에 개최된 침례교 선교사 대회에서 웨슬리언(Wesleyan)인 왓킨슨(W.L. Watkinson) 목사는 다음에 인용할 구약성서 이사야서 19장 23절-25절의 이스라엘에 관한 말씀과 당시 영국이 처한 상황 간에 '유사점'을 지적하였다.

그 날에 애굽에서 앗수르로 통하는 대로(大路)가 있어 앗수르 사람은 애굽으로 가겠고 애굽 사람은 앗수르로 갈 것이며 애굽 사람이 앗수르 사람과 함께 경배하리라. 그 날에 이스라엘이 애굽과 앗수르로 더불어 셋이 세계(世界) 중에 복이 되리니 이는 만군의 여호와께서 복 주시며 이르시되 내 백성 애굽이여, 내 손으로 지은 앗수르여, 나의 기업 이스라엘이여, 복이 있을지어다 하실 것임이라.

그 후 1900년에 이르러 영국과 그리고 미국에서 이 이론을 지지한 사람의 수가 약 2백만 명이나 되었다고 하는데, 이들 중 특히 영국인들은 당시 영국의 제국주의적 경험을 순전히 인종적, 섭리적 관점에서 바라보았다. 곧, 이들은 대영제국의 건설은 이스라엘의 잃어버린 열 지파(족속)로부터 기원한 영국 인종이 이루어낸 당연한 결과라고 믿었다. 이때 이들 앵글로색슨족의 대영제국 지배를 정당화하는데 즐겨 인용된 구약 성경 구절은 다음과 같은 것들이었다.

> 네 하나님 여호와께서 너를 세계 모든 민족 위에 뛰어나게 하실 것이라
>
> (신명기 28장 1절)

> 지극히 높으신 자가 민족들에게 기업을 주실 때에, 인종을 나누실 때에 이스라엘 자손의 수효대로 백성들의 경계를 정하셨도다
>
> (신명기 32장 8절)

> 그러므로 너희가 동방에서 여호와를 영화롭게 하며 바다 모든 섬에서 이스라엘의 하나님 여호와의 이름을 영화롭게 할 것이라
>
> (이사야 24장 15절)

이렇듯 영국-이스라엘 이론에 나타난 신학은 '성서적 근본주의'에 기초한 것이다. 특히, 하나님의 '선민'의 족장(patriarch)으로서 아브라함의 이야기가 그 중심에 있다. 그래서 영국-이스라엘 독트린에서 서로 다른 인류 인종의 기원은 노아의 아들들로부터 나온다. 대표적 영국-이스라엘주의자로서 안식교인 '하나님의 세계 교회'(the Worldwide Church of God)의 리더인 암스트롱(Herbert W. Armstrong)은 그의 1927년에 출판된 자서전에서 이른바 '이스라엘의 잃어버린 열 지파'가 서부 유럽으로 이주하였고, 그로부터 영국 제도(諸島)로 그 다음에는 미국으로 이주하였다는 사실을 입증하였다"(Armstrong 1986, 362)고 적고 있다. 암스트롱에 따르면, 모든 흑인은 노아의 막내아들인 '함'으로부터 나왔다. 함은 그의 취한 아버지의 벌거벗은 모습을 본 것 때문에 노아의 저주를 받았다(창세기 9장 21절-25절). 함은 (성경에 나오는 인류 최초의 살인자인) 가인의 직접적 후손으로 여겨졌고, 가인의 저주가 함에게 계속 이어졌다. 암스트롱은 노아의 아들 셋 중 가운데인 '야벳'으로부터 나온 모든 족속이 아시아 인종(황인종)이 되었다고 가르쳤다. 한편, 암스트롱은 노아의 장자인 '셈'이 모든 '백인종'의 조상이라고 주장하였다(Armstrong 1980). 구약 성서 창세기 12장 2절[10]에서 하나님은 아브라함에게 장차 그가 '위대한 큰 국가'의 '복의 근원(창건자)'이 될 것임을 미리 약속하고 있다. 아브라함은 또한 '많은 국가의 원조(元祖)'가 될 것임을 예고 받았다. 역사적으로, 아브라함은 그의 아들 이삭과 그리고 이삭의 아들인 야곱을 통해서 유대신앙을 가진 유대인들에 의해서 유대민족의 원조로서 계속 인정받고 있다. 아브라함은 또한 그의 아들 이스마엘을 통해서 이슬람 신앙을 가진 아랍인들의 원조로서 수용되고 있다. '영국-이스라엘 이론'은 아브라함은 또한 그의 남자 후손들 곧, 이삭, 야곱 및 야곱의 열두 아들들을 통해서 북부 및 서부 유럽의 모든 민족의 조상이라고 주장한다.

　　야곱의 아들들 중 하나인 요셉은 두 아들이 있었는데, 에브라임과

---

10 　"내가 너로 큰 민족을 이루고 네게 복을 주어 네 이름을 창대케 하리니 너는 복이 될지라."

므낫세이다. 하나님에 의해서 이름이 '이스라엘'로 바뀐 야곱은 그의 생애의 마지막 부분에서 요셉의 아들들을 입양하였고, 아브라함의 장자상속권을 따라 그 자신의 '이스라엘'이란 이름을 에브라임과 므낫세에게 계승시켰다. 야곱/이스라엘이 그의 손자를 입양한 이 사건은 중요한데, 그 이유는 유대인의 족장이며 동시에 야곱/이스라엘의 다른 아들인유다가 이스라엘이란 이름을 이어받지 못했기 때문이다. 이스라엘이란이름은 오직 에브라임과 므낫세에게만 주어졌다. 그리하여, 영국-이스라엘 신학에 따르면, 이스라엘의 장자 상속권과 이름의 진정한 소유자는 오늘날 '백인으로 영어를 사용하는 사람들'로서 에브라임과 므낫세즉, 영국(Great Britain)과 미합중국(the United States)이다(Armstrong 1980, 95).

그 외에도 영국-이스라엘 신학에 따르면, 이스라엘 가문은 거룩한언약 즉, '성약'의 민족이다. 성약을 뜻하는 영어의 'covenant'는 히브리어로는 'beriyth'인데, 히브리어에서 사람(man)을 뜻하는 말은 'iysh'또는 'ish'이다(Armstrong 1980, 95). 원래 히브리 언어에서 모음들은 철자 속에 주어지지 않았기 때문에, 'e'가 'beriyth'로부터 떨어졌다. 그리고 히브리인들은 그들의 언어에서 'h'를 발음하지 않기 때문에 'h'마저떨어져 나갔다. 그로부터 '성약인'(聖約人, covenant man)이란 성약과 사람의 두 단어가 결합된 구절이 영국인을 뜻하는 '브리티시'(British)가 되었다.[11] 또한 영국-이스라엘 신학 진영의 창조적 어원학은 '색슨'(Saxon)이란 말을 포함한다. 암스트롱은 잉글랜드에 정착한 앵글로색슨족은

---

11 고대 에브라임 사람들이 'h'를 발음하는데 어려움이 있었다는 것에 대해서는 구약 성서 사사기 12장 6절에 기록되어 있다. 그래서 여기에 '쉽볼렛'이란 말이 나온다.

독일의 오랜 색슨족과는 유전적으로 다른 혈통을 가진 것이라고 가르
쳤다. 즉, 그에 따르면, 아브라함의 아들 이삭 즉, 'Issac'에서 'I'를 빼면
(왜냐하면 히브리 철자법에서 모음들은 사용되지 않기 때문에) 우리는 현대 이름
인 'SAAC'S SONS'(삭의 아들들) 혹은 이것을 더 줄여서 'SAXONS'(색슨)
이라고 쓰게 되었다.[12]

## IV. 앵글로색슨의 '문명화 사명' 및 개신교 선교

### 1. 영 제국 하 선교운동의 사회사

역사적으로 보아, 영국은 이미 16세기 중반부터 해외 식민지를 개
척하여 19세기 말, 20세기 초의 영 제국은 그 인구와 영토에 있어서 인
류 역사상 가장 큰 규모의 제국이었다(박지향 1998, 161). 최초의 영 제국
은 다양한 식민 영토에 대해서 '잉글랜드식의 통치'를 주입하였다
(Armitage 1999, 427). 물론 이 과정에서 식민 영토에 살았던 다양한 사
람들이 군사적 공격에 의해 자신들의 힘을 확대한 영국 식민주의자들
로부터 모두 똑같이 취급받지는 못했다. 즉, 앵글로색슨인의 인종적 태

---

**12** Armstrong(1980), 96. 옥스퍼드 영어어원사전(*The Oxford Dictionary of English Etymology*)은
'British'와 'Saxon' 두 용어에 대한 영국-이스라엘주의자들의 흥미있는 설명을 공식적으로 반박하
고 있다.

도는 곧바로 식민지 경영에 그대로 반영되었는 데, 영 제국에서 자치정
부를 허락받은 곳은 캐나다, 오스트렐리아, 뉴질랜드 등 백인들의 정착
식민지뿐이었다. 반면 주민 대부분이 비유럽인으로 이루어진 왕실 직
할 식민지는 영국 왕의 권위에 직접적으로 종속되었는 데 이는 전적으
로 인종주의에 근거한 정책의 차이였다(박지향 1998, 177).

한편, 1780년대 이후 영국의 상류계급의 한 부분이 영국 기독교의
전 지구적 책임에 대해서 관심을 갖게 되었다(Johnson 1982, 444). 그런
데 이 때 이들의 관심은 처음에는 거의 전적으로 '노예무역'에 집중되었
다. 다른 말로, 그들의 초점은 검은 이교도들 즉, 아프리카인의 '영적'(정
신적) 요구보다는 영국의 악덕에 모아졌다. 이는 1780년대 당시 노예무
역이 영국의 기대한 산업이었던 점에 비추어볼 때 일면 자연스러운 일
이었다. 그 당시 노예무역은 영국 경제에서 가장 크고도 거대한 이익을
갖다 주는 부문 중 하나였다. 그로부터 노예무역은 영국 국교인 성공회
의 성직자들로부터도 전통적으로 묵인되었다. 그리고 심지어는 일부
선교사들도 노예무역을 방어하였다(Johnson 1982, 445). 대표적 예로서,
영국 식민지 아메리카의 뉴잉글랜드에서 복음선교회(the Society for the
Propagation of the Gospel, 이하 SPG)를 만든 사람들 중 하나인 톰슨
(Thomas Thompson)은 뉴저지에서 흑인들 가운데서 일했고 그 후 아프
리카 기니아(Guinea)에서 4년을 보냈다. 그는 흑인 노예를 위한 아프리
카 무역은 인도주의 원칙과 계시된 종교의 법에 부합한다는 제목의 책[13]
을 출판하였다. 놀랍게도 SPG는 그 자체가 사실상 바바도스(Barbados)
에서 노예들을 소유하였다.

선교사회학적 관점에서 볼 때, 영국인들 중에서 제국주의 시대 때
'복음화'를 위해 해외로 나간 초기 선교사들은 정부, 관료, 성공회의 지

배계급 등과는 아무런 관련이 없었던 사람들로서, 이들은 본질적으로 중하위 계급이었다(Johnson 1982, 443-44; 김성건 1991, 130-31). 즉, 유명한 기독교 선교사학자인 와렌(Max Warren)은 그가 영국 웨스트민스터 성당의 참사회 의원이었던 1967년에 쓴 『사회사와 기독교 선교』에서, 영국의 선교운동은 부분적으로 영국 내의 '비특권' 계급의 사회적 해방이라는 보다 폭넓은 발전의 한 표현이었다고 본다(Warren 1967, 37). 그에 따르면, 비특권계급의 사회적 해방은 그것의 영감을 복음주의의 부흥, 산업혁명, 그리고 프랑스 내의 사회적 격변 같은 다양한 영향에서 얻었다. 19세기 영국에는 다윈을 잘못 이해한 '인종주의자들'과 함께 '신념상의 근본주의자들'로 가득 차 있었다(Johnson 1982, 457). 신념상 근본주의자들은 '내부 지향적' 인간들로서 많은 여성들이 포함되었다. 19세기는 정신에서 뿐만 아니라 지리적으로도 시야가 믿을 수 없을 만큼 확장된 시대였다. 산업혁명은, 그것의 온갖 무자비에도 불구하고, 많은 사람들에게 그 이전보다 한층 더 이른바 '기회의 시대'를 갖다 주었다. 19세기 초반에 선교사역에 투신했던 사람들에 대해서 또한 주목할 사실은 그들 중 상당수가 대학의 학사학위와는 거리가 먼 '숙련 기술자' 같은 동일한 사회경제적 배경으로부터 나와 성직을 받게 된 사람들이었다는 사실이다. 와렌은 19세기 초반에 이루어졌던 근대 선교운동은 본질적으로 '쁘띠 부르주아'의 운동이었음을 강조한다. 그런데, 19세기 중반에 들어서면서 변화가 발생하였다. 모든 선교단체는 중등교육뿐만 아니라 대학의 학사학위를 취득하였던 사람들에게 선교사역을 담당케

**13** *The African Trade for Negro Slaves Shown to be Consistent with the Principles of Humanity and the Laws of Revealed Religion.*

할 수 있었다. 이로부터, 선교 역사에서 주요한 선교 사업을 주도한 것은 독일 루터교보다는 앵글로-아메리칸 프로테스탄티즘이었으며, 그들 중 특히 초기 영국의 프로테스탄트 선교사들은 '경건주의'와 '개인주의'에 강하게 감염된 근본주의자들로서 교회의 가장자리와 변경(邊境) 개척자들로 제한되었다는 사실을 재주목하게 된다(Mehl 1970; 김성건 1991, 129-31).

## 2. 식민지와 선교

'식민지와 선교'의 견지에서 볼 때, 이방인들을 '복음화'하기 위한 임무를 띤 영국의 중하위계급 출신 선교사들은 처음에는 자국의 영토 확대를 '정당화'하였다. 이 때 이들이 즐겨 인용한 성경 구절은 일찍이 16세기 말 종교개혁 이래 반(反)가톨릭적 태도를 견지한 영국의 개신교 이론가들이 영국인의 해외 이주와 식민(植民)의 정당성을 입증할 때 강조해온 말씀들 곧, 신이 아담에게 땅을 준 구약 창세기 1장 28절[14] 및 창세기 9장 1절[15] 그리고 신약 마태복음 24장 14절[16] 및 마가복음 13장 10절[17] 등이다(Armitage 2000, 94-95). 그로부터 창세기에 나와 있는

---

**14** "하나님이 그들에게 복을 주시며 하나님이 그들에게 이르시되 생육하고 번성하여 땅에 충만하라, 땅을 정복하라, 바다의 물고기와 하늘의 새와 땅에 움직이는 모든 생물을 다스리라 하시니라."

**15** "하나님이 노아와 그 아들들에게 복을 주시며 그들에게 이르시되 생육하고 번성하여 땅에 충만하라."

**16** "이 천국 복음이 모든 민족에게 증언되기 위하여 온 세상에 전파되리니 그제야 끝이 오리라."

**17** "또 복음이 먼저 만국에 전파되어야 할 것이니라."

신(여호와)의 지상 명령과 신약 복음서들에 나와 있는 명령들이 한데 모아져서 영국의 식민주의와 심지어는 '복음화' 즉, 선교가 촉진되고 정당화되었다. 여기서 주목할 것은, 지성사적으로 볼 때, 일찍이 영국에서 1620년대로부터 1680년대까지 그리고 19세기에 와서는 아메리카, 오스트렐리아 및 아프리카에서 영국이 원주민을 무장해제 시키는데 '공터'(vacuum domicilium) 혹은 '소유권의 부재'(terra nullius)라는 주장이 표준적 기초가 되었다는 사실이다(Armitage 2000, 97). 이 같은 근거 위에서, 신의 명령 곧, 이 세상을 가득 채우고 '정복'하라는 말씀이 다른 사람들보다(예: 아메리카 원주민, 아프리카인, 오스트렐리아 원주민 등) 땅을 한층 더 '생산적'으로 경작할 수 있는 사람들(즉, 영국인들 자신)에게 '우월한 소유권'을 제공하였다.

또한 여기서 주목할 것은, 당시 제국주의 진영 속에서, 기독교 선교 운동의 복음주의적 열정은 앞에서 살펴본 '영국-이스라엘 이론'에서도 이미 잘 드러났듯이 사회적 진화론과 의사과학적인 인종주의에 의해서 흠뻑 젖어 있었다는 사실이다. 이는 19세기 영국에서 앵글로색슨 인종을 고양하고 타인종을 멸시하는 인종주의가 극성을 부린 것(박지향 1998, 163)을 선교사들이 비판한 것이 아니라, 오히려 그들이 이 같은 인종주의를 수용한 것을 잘 보여준다. 그 대표적 예로서, 지성사의 측면에서 볼 때, 일찍이 17세기 초에 활약한 천년왕국론자 메데(Joseph Mede) 같은 사람은 신세계 아메리카에서 원주민인 인디언들이 기독교로 개종될 것에 대해서 아무런 희망도 갖지 않았다. 그는 당시 아메리카는 '사탄이 선택한 식민지'여서 개신교도들(즉, 영국인들)을 이식하는 것에 의해서 북아메리카의 사탄과 맞서는 것이 적절하다고까지 주장하였다(Armitage 2000, 95). 그로부터 일반적으로, 제국주의 시대에 영국의 선교사들은 그들의 선교지에서 자신들의 '문화'(culture)가 아니라 '문명'(civilization)으로 생각했던 것의 지적, 도덕적, 정신적 우월성을 확신하게 되었다(Dunch 2002, 310). 곧, 그들 중 적지 않은 수는 19세기 말에 사회진화론적 개념들이 서구문화에 침투한 것에 힘입어 그들의 '인종'의 우월성을 뚜렷이 확신하였다(Stanley 1990, 제7장).

일상적으로 식민적 행위라고 불리는 것의 기본적 특색은, 단적으로 말해서, 지배 권력을 각기 달리 소유한 불균형한 사회집단들 사이의 상호작용이다. 비록 모든 식민적 조직들이 비슷한 제 특성을 보여주지만, '선교'야말로 식민적 조직의 가장 깊숙이 자리 잡고 있는 전통적 신념과 가치를 공격한다는 의미에서 가장 멀리까지 미치는 '지배'를 목표로 삼는다(Beidelman 1982, 29). 그 결과 대부분의 앵글로색슨계 영국 선교사들은 아프리카와 인도 등 선교지에서 '문화적 제국주의'까지는 아니지만 일정 정도 '가부장주의적' 태도를 보인 것이 역사적 사실이다. 이런 맥락에서 기독교 선교역사의 권위자인 라투렛(K. S. Latourette)은 19세기(A.D. 1800 - A.D. 1914) 기독교 선교는 대체로 온정주의적 사업, 곧 일종의 '정신적 제국주의'(spiritual imperialism)였다고 주장한다(Latourette 1941, 52). 일반적으로 모든 사람들 중 '문화적 오만'이 선교사 집단에서 가장 정점에 도달하게 되는 이유는 그 자신으로 하여금 선교사가 되도록 작용한 바로 그 태도와 가치의 성격 때문이다. "이 천국 복음이 모든 민족에게 증언되기 위하여 온 세상에 전파되리니 그제야 끝이 오리라"(마태복음 24장 14절)는 것은 선민의식에 사로잡힌 경건주의적 근본주의자들이었던 앵글로색슨 선교사들에게 지고의 행위강령이었다. 그로부터 그들은 자신의 다른 사회 구성원들은 그리 심각하게 받아들이지 않는 특수한 신학 체계를 강조하였다. 그리고 그들은 선교지에 도착하여 이미 세속화된 고국의 문화에서는 이미 비교적 중요하지 않은 다음과 같은 터부(금기)에 대해서 훨씬 더 강렬한 관심을 나타냈다 - 담배, 술, 음란, 신성모독 등(Brown 1944, 214).

따라서 여기서 한 가지 새롭게 주목할 필요가 있는 측면은, '제국의 세기'(1815-1914)에 세계 곳곳의 식민지에서 활발하게 전개된 영국의 선교운동이 가장 정점에 도달하였던 때는 역설적으로 영국 내에서는 '세속적 합리주의'가 공중의 담론에서 지배적 자리를 차지한 때였다는 사실이다. 이 세속적 합리주의는 종교를 진화론적으로 과거의 것으로 효과적으로 추방하고 몰아내었다. 이로써, 기독교 선교운동 그 자체는 물론 기독교 문명과 '이방'(heathen) 사회에 대한 선교사들의 담론은 자국(영국)내에서 문화적으로 우월한 자리를 유지하고자 하는 기독교적 시도의 한 부분으로 여겨질 수도 있다(Dunch 2002, 313).


## 3. 영국 개신교의 승리주의


한편, 기독교 선교 역사에서 지난 20세기가 '미국의 세기'였다면 그 이전의 19세기는 단연 '영국의 세기'였다는 것이 정설이다(Yates 1994, 8). 그런데 19세기 특히 그 후반에 펼쳐진 앵글로색슨 진영의 개신교 선교는 당시 급속도로 팽창한 앵글로색슨 제국의 낙관적인 자기 확신을 그대로 반영하였던 것이 사실이다(Hutchison and Christensen 1982, 136). 그 결과 유토피아주의에 거의 가까운 낙관주의가 앵글로색슨의 선교에서도 드러났다. 구체적으로, 19세기에 나타난 영국 개신교의 '승리주의'(triumphalism)는 당시 영국을 비롯하여 여타 개신교 국가들의 거대한 산업적 지배와 긴밀히 연관되었고, 또한 그들의 확대되는 경제적, 정치적 제국과도 관련되었다. 그리고 또한 개신교 신학과 도덕적 가르침이 이 세상에서의 성취와 밀접하면서도 유기적으로 연관되어 있다는 당시 폭넓게 퍼진 신념과도 관련되었다(Johnson 1982, 455-56). 개신교 승리주의가 표출된 구체적 예로서, 식민지 인도의 경우 동인도회사의 간부들은 19세기 초 기독교 포교에 대한 기존의 제한을 폐지하고자 한 영국 정부에 대해서 위험하다고 우려를 나타냈다. 반면, 자유주의적인 공리주의적 이상으로부터 영향을 받은 제임스 밀(James Mill)과 그 아들 존 스튜어트 밀(John Stuart Mill) 같은 사람들은 인도 사회를 자유무역, 복음주의적 기독교 전도, 서구법 및 영구법 및 영국식 교육을 통해서 개혁하는 것에 의해서 영국의 통치를 한층 강화할 수 있다고 믿었다. 그래서 동인도회사에서 사무 관리직에 있으면서 '좋은 정부'(good government)의 주창자였던 밀 부자(父子)와 그들의 공리주의적 동료들은 기독교(개신교) 복음주의자들과 연합하여 그들이 보기에 인도의 후진성과 도덕적 정체(停滯)라고 인식하였던 것에 대해 비난하였다. 인도의 문제에 대한 그들의 처방은 서구식의 법적 개혁과 인도 사회를 완전히 '영국식으로 만드는 것'(Anglicization)이었다(Parsons 1999, 42-43).

또한 같은 맥락에서, 19세기 말에 영국군이 아프리카인들과의 전쟁에서 상대적으로 쉽게 계속 승리함으로써, 신 제국주의(직접 통치)에 대한 이데올로기적 정당화가 만들어진 측면을 중시할 수 있다. 당시 제국주의 찬성자들은 사회진화론자들이 아프리카인들을 문화적으로 열등하다고 본 것을 지지하기 위해서 영국의 군사적, 기술적 우위를 강조하였다. 그들은 영국이 아프리카를 지배한 것을 '우세한 민족'이 세계에서 '뒤쳐진 인종들'을 지배하는 '자연선택'의 과정으로 보았다. 심지어 개신교 복음주의자들마저 이 같은 고정형(stereotype)을 수용하였다. 이들 복음주의자들은 공식적인 영국의 통치가 '어린아이 같은' 아프리카인들을 사악한 유럽의 투기꾼과 모험가들로부터 보호하기 위해서 필요하다고 인식하였다(Parsons 1999, 72). 이 같은 주장은 영국의 제국주의자들로 하여금 자기 이익을 추구하는 점령자가 아닌 이타적 인간주의자들로 비쳐지게 하였다.

## 4. 앵글로색슨 선교의 사회학적 문제들

한편, 기독교 선교는 그것의 행위를 실천하는 바로 그 속에서 그 행위가 서구문명과 깊고도 교묘한 결합을 갖는 이유 때문에, 선교 현장 내에서 수많은 사회학적 문제들을 야기한다(김성건 1991, 132-33). 일반적으로 말해서, 기독교 선교는 복음주의적 행위라는 바로 그 사실로 인해 이국땅의 사람들 속에 갖다 주는 '사회적 동요' 혹은 '사회적 혼란'에 대해서 제대로 주목하지 못했다. 이런 맥락에서, 아프리카에서 새로운 서구화된 엘리트를 창조하는데 가장 큰 역할을 한 것은 다름 아닌 선교를 위해 미션스쿨(mission school)을 운영한 복음주의적 프로테스탄트 기독교였음을 주목할 수 있다. 복음주의적 운동은 제국주의를 위한 정당화를 제공한 것에 더하여, 이 운동은 피식민지 백성들에게는 일정 정도로 그들의 자존감에 저해를 갖다 준 것이 한편 사실이었다. 즉, 아프리카에서 피식민지 백성들에게 앵글로색슨계 기독교 선교사들이 윤리,

도덕, 사회적 행동의 새로운 코드를 주입함으로써 아프리카인들의 자긍심은 손상되었다(Parsons 1999, 128-29).

　미개인들에 대한 '문명화'의 사명에 제국주의까지 덧붙여져서 펼쳐진 앵글로색슨의 기독교 선교는 완전히 다른 문명들과 대항하려고 나섰다. 그런데 복음의 가르침을 통해서 고유한 전통종교를 공격하는 것은 결국 전체 사회구조를 의심하는 것이었다. 따라서 개인 개종자들이 사회적으로 다시 뿌리를 내리도록 하는 정책을 마련하는 것이 중요했다. 그러나 영국인 선교팀들은 그들의 서구적 관점 및 앵글로색슨 특유의 우월적 인종주의와 함께 사회학적 반성 또한 미발달된 상태에 머물러 있었기 때문에 그와 같은 정책을 수립할 수가 없었다. 즉, 선교사들은 서구 근대주의와 이프리기 전통 양자 모두에 대하여 '모순적'(이중적인) 태도를 보였다(Beidelman 1982, 25-27). 그 결과 제국주의 시대에 아프리카에서 영국인 선교단체가 발전시켰던 공동체 유형은 대체로 사실상 그 주위에 있던 공동체들과는 완전히 '이질적'인 것이 되었다. 선교로 이룩된 사회와 이방 사회 사이에는 다양한 협동조직이 만들어져야만 한다. 그렇지 않으면 토착민은 '뿌리가 뽑히는' 위험을 겪게 된다(김성건 1991, 133-34). 개종한 토착민이 사회적으로 절멸(絶滅)하게 될 경우, 그들 속에 세워진 교회는 단지 '임시적 피난처'의 역할밖에 할 수 없다.

　요약하면, 아프리카에서 기독교는 식민주의 세력과 의식적이든 무의식적이든 결합하여 이 대륙의 식민지화를 더욱 공고화하는 역할을 하게 되었다(Beidelman 1982). 피선교지의 지도력을 장악한 앵글로색슨 선교사들은 현지 교회의 성직자들, 교구민들, 그리고 동역자들 보다도 식민관료들이나 영국에서 온 이주민들의 생각과 태도에 더 가까웠다.

그래서 1935년까지도 많은 서구 선교사들은 자신들이 누렸던 교회의 지도력을 아프리카 현지 교회지도자들 또한 감당할 수 있다는 사실을 믿지 않으려 했다(김대용 2003, 200). 제국주의 시대에 아프리카인들은 영국 선교사들에 의해서 기독교로 개종할 적에 사회적으로는 고립되었으나. 그들의 문화적 가치마저 완전히 폐기하지는 않았다. 그로부터 많은 아프리카 기독교인들에게 있어서 서구 선교사들이 세운 교회는 이후 탈 식민지화를 위한 아프리카 독립운동을 통하여 깨뜨려야 할 식민지 지배구조의 한 부분이었다. 즉, 서구(영국)교회가 물적, 인적 자원들을 통해 피선교지를 통제하는 제국주의적 구조로부터 벗어난 결과로서 제2차 세계대전이후 '아프리카 토착교회(독립교회, AICs)'가 증대하게 되었다. 종교적 혼합주의의 위험을 한편 갖고 있으면서도 동시에 아프리카인들에게 '정체성'을 제공하는 사회적 기능을 하고 있는 이 독립교회는 오늘날 현재까지 계속 증가 추세에 있다(김대용 2003, 204).

## V. 결론

지성사적으로 볼 때, 1980년대 이후 지배적 사조가 된 '포스트모더니즘'과 관련하여 이른바 '탈식민주의'(postcolonialism) 담론이 최근 유행하고 있다. 또한 1978년 사이드(Edward Said)의 『오리엔탈리즘』 출판으로부터 촉발된 '오리엔탈리즘'(Orientalism) 담론을 배경으로, 서구의 타자인식을 뜻하는 오리엔탈리즘'에 대한 일반의 관심이 증가되고 있다. 이런 맥락에서, 이 글은 인류 문명사에서 '제2의 혁명'이라 일컬어지는 산업혁명의 발상지인 서구유럽 특히 산업혁명의 본 고장으로서 동시에 역사상 가장 큰 제국을 한 때 소유했던 영국의 비유럽인과 문화에 대한 인식이라 할 수 있는 '오리엔탈리즘'에 접근하기 위해서, 영국인의 '타자 인식'과 동전의 양면관계에 있다고 볼 수 있는 그들의 '자기 인식'의 한 단면으로서 영 제국 하에서 한 때 유행하였다가 쇠퇴한 '영국-이스라엘주의'라는 독특한 앵글로색슨의 선민의식에 대해 특히 주목하였다.

서양사의 시각으로 볼 때, 이른바 '서구의 부상'(the rise of the West)을 설명하려는 서구 측의 노력은 '유럽 팽창' 이후 외부 세계에 대한 사실과 자료가 축적되면서 그 '타지'를 어떻게 길들일 것인가 하는 물음에 답하려고 노력하는 가운데 나타났다. 그로부터 이것은 두 세기가 넘는 정치화(精緻化)과정을 거쳐 18세기 말에 스코틀랜드 계몽사상을 통해 정식화되었다. 보다 구체적으로 계몽사상의 발전관은 휘그적 역사해설이나 맑스주의적 역사관 또는 아날학파의 그것과 같은 매우 이질적인 거대 담론의 주류를 이루며, 이 셋은 인식지평의 차이에도 불구하고 진보사관, 변화의 강조, 변화의 주체 관점, 총체적 파악, 그리고 무엇보다도 '유럽중심주의'(Eurocentrism) 등을 공유한다(최갑수 2000, 106-107). 이로써 스코틀랜드 계몽사상은 서구의 타자 즉 비서구에 대한 인식을 일컫는 '오리엔탈리즘'의 전체 계보에서 영국의 (그리고 미국의) 오리엔탈리즘의 특성을 이해하는데 대단히 중요한 한 축을 이룬다 할 것이다.

이런 맥락에서 앵글로색슨의 선민의식이 잘 나타났다 볼 수 있는 '영국-이스라엘주의'를 주목한 이 글의 의미 혹은 가치를 밝힌다면, '영국-이스라엘주의'는 무엇보다도 '오리엔탈리즘'의 전체 계보에서 앞서 언급한 스코틀랜드 계몽사상과 함께 영국의 (그리고 미국의 )오리엔탈리즘의 본질에 접근하는데 긴요한 다른 중요한 한 축을 형성한다고 말해도 좋을 것이다. 물론 지성사적으로 볼 때, 16세기 말 종교개혁이후 출현한 스코틀랜드의 계몽사상은 아직도 그 기원이 불분명하며 근대인 19세기와 20세기에 걸쳐 나타난 '영국-이스라엘주의'보다 분명히 앞서 존재한 것이다. 이로써 어떤 측면에서는 '영국-이스라엘주의'가 직선적 시간관과 인종주의적 요소를 지니는 스코틀랜드 계몽사상의 부산물이라고 주장할 수도 있을 것이다. 그렇지만 앞의 본론 부분에서 상론하였듯이, 필자는 영국의 오리엔탈리즘을 밝히는 데는 이 글이 주요한 초점으로 삼았던 '영국-이스라엘주의'가 여러모로 필수불가결한 요소라고 본다.

다음으로, 최근 옛 소련이 붕괴되고 나서 1990년대 이후 전개되고 있는 '탈냉전'의 상황을 배경으로 헌팅턴(Samuel Huntington)은 지난 1993년 서구와 비서구 특히 기독교 문명권 대(對) 유교-이슬람문명권 간의 '문명충돌'을 예견한 바 있다(Huntington 1993). 또한 지난 1980년대 이래 전 세계인의 생존을 규정하는 새로운 흐름으로 앵글로색슨의 주도 아래 '세계화'(globalization)가 가열차게 진행되고 있다. 그로부터 지난 2001년에는 불행히도 이슬람 급진주의자들에 의해서 9·11 테러 사태가 일어났고, 그 결과로서 '문화적' 세계화 혹은 세계화의 '문화적' 차원에 관한 세인의 관심이 대폭 신장된 것이 사실이다. 이 같은 다양한 국제정치적 흐름을 염두에 두면서 '영국-이스라엘주의'에서 잘 드러난 앵글로색슨의 선민의식의 현재적 함의(含意)에 대하여 끝으로 정리해 보고자 한다.

최근 부시 정부가 사담 후세인을 '악의 축'으로 규정하면서 일으킨

대(對)이라크 전쟁과 그리고 이후 블레어 총리가 이끄는 영국 측이 유럽의 다른 나라들과는 달리 별 주저도 없이 미국을 선뜻 지원한 사례에서 잘 예시되었듯이, 앵글로색슨의 선민의식은 산업혁명과 프랑스혁명이후 출현한 근대사회는 물론 심지어 현재까지도 지구촌의 진로와 역사를 바꾸는데 그 어떤 이념보다도 상대적으로 큰 역할을 하고 있다고 생각된다. 그런데 이것은 종교사회학적 관점에서 볼 때, 무엇보다도 앵글로색슨인 영국인들을 필두로 그리고 오늘까지도 이들의 후예인 이른바 'WASP'(백인 앵글로색슨 프로테스탄트)가 뚜렷이 지배하는 미국인들에게서도 나타나는 일종의 '섭리적' 해석과 연관되는 것이라 판단된다(Tuveson 1968; Marsden 1980). "미국은 신(神)이 지켜주는 나라"(a nation under God)라는 의식 즉, 역사를 고도로 섭리적으로 해석하는 흐름이 건국 초기부터 국민들 속에 강하게 자리 잡은 점을 지적할 수 있다.

# 참고문헌

김대륜. 1999. "18세기 영국에서 국민, 민족주의, 제국." 「영국 연구」 제3호, 185-206.

김대용. 2003. "남부아프리카 독립교회(ALCS)의 종교-문화적 성격연구를 통한 아프리카 사회정체성 연구." 지구화시대 제3세계 현황과 연구과제, 한일장신대학교 개교 80주년 기념 공동학술대회 발표논문집, 195-218.

김성건. 1991. "서구 기독교의 제3세계 선교." 『종교와 이데올로기』. 서울:민영사, 122-48.

박지향. 1998. "영국 제국주의와 일본 제국주의의 비교(I) - 인종주의를 중심으로 - " 「영국 연구」 제2호, 161-94.

최갑수. 2000. "유럽 중심주의의 극복과 대안적 역사상의 모색." 「역사비평」 통권 52호 (가을호), 95-110.

Armitage, David. 1999. "Greater Britain: A Useful Category of Historical Analysis?" *American Historical Review.* Vol. 104, No. 2, 427-45.

_____. 2000. *The Ideological Origins of the British Empire.* Cambridge: Cambridge University Press.

Armstrong, Herbert W. 1980. *The United States and Britain in Prophecy.* Pasadena: The World Wide Church of God.

_____. 1986. *Autobiography of Herbert W. Armstrong,* vol. 1. Pasadena: World Wide Church of God.

Barkunm Michael. 1997. *Religion and the Racist Right.* Revised Edition, Chaple Hill: The University of North Carolina Press.

Beidelman, T. O. 1982. *Colonial Evangelism: A Socio-Historical Study on an East African Mission at the Grassroots.* Bloomington: Indiana University Press.

Brown, G. Gordon. 1944. "Mission and Cultural Diffusion." *American Journal of Sociology,* Vol. 50.

Cockburn-Muir, James. 1877. *Israel in Britain: The Collected Papers on the Ethnic and Philosophical Argument,* 4th ed. London.

Colley, Linda. 1982. *Britons: Forging the Nation,* 1708-1837. New Haven: Yale University Press.

Crook, Paul. 1999. "Historical Monkey Business: The Myth of Darwinized British Imperial Discourse." *The Historical Association*, 633-57.

Dunch, Ryan. 2002. "Beyond Cultural Imperialism: Cultural Theory, Christian Missions, and the Global Modernity." *History and Theory* 41, 301-325.

Huntington, Samuel P. 1993. "The Clash of Civilizations." *Foreign Affairs* 72. No. 3, 22-49.

Hutchinson, W. R. and T. Christensen. 1982. *Missionary Ideologies in the Imperialist Era.* Aarhus.

Huttenback, Robert. 1976. *Racism and Empire.* Cornell University Press.

Hyamson, Albert M. 1974. "Anglo-Israelism." *Encyclopedia of Religion and Ethics.* Edited by James Hastings. Edinburgh: T. & T. Clark, 482-83.

Johnson, Paul. 1982. *A History of Christianity.* New York: Penguin Books.

Latourette, K. S. 1941. "The Great Century in Europe and the United States of America A.D. 1800-A.D. 1914." *A History of the Expansion of Christianity.* Vol. IV, 제3판. London: Eyre and Spottiswoode.

Little, James Stanley. 1903. *Progress of the British Empire in the Century.* Nineteenth Century Series. Toronto.

Marsden, George M. 1980. *Fundamentalism and American Culture.* Oxford: Oxford University Press.

Mehl, Roger. 1970. *The Sociology of Protestantism.* Translated by J. H. Farley.

Melton, Gordon J. 1986. "The Identity Movement" in *Encyclopedic Handbook of Cults in America.* New York: Garland Publishing Inc., 53-61.

Mill, James. 1820. *The History of British India.* London: Baldwin, Cradock and Joy.

Pagden, Anthony. 1995. *Lords of All the World: Ideologies of Empire in Spain, Britain and France, c.1500-c.1800.* New Haven: Yale University Press.

Parsons, Timothy H. 1999. *The British Imperial Century, 1815-1914.* Lanham: Rowman & Littlefield Publishers, Inc.

Reisenauer, Eric. 1997. "British-Israel: Racial Identity in Imperial Britain, 1870-1920," Ph.D. diss., Loyola University Chicago.

_____. 2003. "The Battle of the Standards: Great Pyramid Metrology and British Identity, 1859-1890." *Historian*, Vol. 65, Issue 4, 931-78.

Roth, Cecil. 1933. *The Nephew of the Almighty: An Experimental Account of the Life and Aftermath o Richard Brothers, R. N.* London.

Semmel, Bernard. 1960. *Imperialism and Social Reform: English Social-imperial Thought, 1895-1914.* Gregg Revivals.

Stanley, Brian. 1990. *The Bible and the Flag: Protestant Missions and British Imperialism in the Nineteenth and Twentieth Centuries.* Leicester, Eng.: Apollos.

Tidrick, Kathryn. 1990. *Empire & the English Character*. London: I B Tauris & Co Ltd.

Tuveson, Ernest Lee. 1968. *Redeemer Nation: The Idea of America's Millennial Role*. Chicago: The University of Chicago Press.

Warren, Max. 1967. *Social History and Christian Mission*. London: SCM Press.

Wilson, John. 1840. *Our Israelish Origin: Lectures on Ancient Israel and Israelish Origin of the Nations of Modern Europe*. Cheltenham.

Yates, Timothy. 1994. *Christian Mission in the Twentieth Century*. Cambridge, U. K.: Cambridge University Press.

# 제2장

9·11 테러사태 이후 급부상한
'한국판 기독교 시온주의'에 관한 고찰

출처: "9·11 테러 사태 이후 급부상한 한국판 기독교 시온주의,"

「현상과 인식」 32-1 (2008), 38-58.

# I. 한국 기독교(개신교)의 성장과 미국의 종교적 근본주의

아시아에서 기독교가 성공적으로 성장한 나라를 대표하는 것은 한국이다. 그래서 필립 젠킨스(Philip Jenkins)는 『글로벌 기독교의 도래』에서 다음과 같이 말하였다.

> 1920년에 한국 전역에서 크리스천의 숫자는 고작 30만 명 정도에 불과하였다. 그러나 이것이 이제는 1천만 명 혹은 1천 2백만 명으로서 전 국민의 약 4분의 1을 차지할 정도로 성장하였다… 한국 개신교도들은 로마 가톨릭교도들보다 약 3배가 많다. 그리고 라틴 아메리카처럼 한국의 개신교 성장은 주로 오순절 성령운동(펜테코스탈)적이다. 한국전쟁 당시, 남한에서 펜테코스탈적 신앙인은 겨우 수백 명에 불과하였지만, 1980년 초에 이르러서는 이들의 숫자가 거의 약 50만 명으로 크게 증가하게 되었다. 개교회의 성장은 현기증이 날 정도이다(Jenkins 2002, 71).

이런 측면에서, 현재 한국이 세계에서 가장 큰 교회를 갖고 있는 것을 주목할 수 있다. 즉, 수도 서울의 금융 중심지인 여의도에 있는 하나님의 성회 소속 여의도순복음교회(조용기 원로목사, 이영훈 담임목사)가 단일 교회로서는 세계 제일이다. 또한 지난 2000년 당시만 해도 세계에서 가장 큰 50개의 초대형 교회들 중 무려 23개가 서울 지역에 위치하고 있었다(Freston 2001, 62). 그리고 한국의 주류 개신교회들은 이른바 '교회의 오순절 순복음화'[1]를 반영하듯, 괄목할 정도로 양적인 성공을 이루었다. 그 결과 오늘날 한국의 장로교인의 숫자는 미국의 그것보다 무려 거의 두 배에 도달하고 있다(Martin 1990, 143-44). 필자는 한 선행연구(S. G. Kim 2006, 23-38)에서 한국에서 복음적 개신교, 특히 오순절 성령운동적 개신교가 한국전쟁(1950-53)이 끝난 뒤인 1950년대 출현하였고, 이것이 미국의 자본주의적 물질주의를 도입한 것 외에 한국의 토착적 무속 신앙과 접합됨으로써 성공적으로 발전하게 되었다고 주장하였다. 간단히 말해서, 한국은 최근까지 제3세계에서 교회의 양적인 힘과 선교사 파송의 중요성 양 측면에서 복음주의의 중심이었다고 말할 수 있다(Freston 2001, 61).

역사적으로, 일본과 중국에서 기독교 선교는 제국주의적 세력의 일부분으로 여겨졌던 반면에, 한국에서 교회는 새로운 민족주의와 결합되었다(Clark 1986, 8). 한국에서 기독교는 당시 일본의 지배에 저항하는 반응으로 민족의 소망을 유지해주는 통로가 되었다. 특히 이 과정에서 한국의 대중은 개신교를 종교적 신조뿐 만아니라 그것의 정치적, 사회적, 문화적 이상과 행위를 따뜻하게 환영하여 맞아 들였다. 개신교의 인기의 비결은 부분적으로 심리적 요인 즉, 나라의 상실을 갖다 준 한국 사회의 실패에 대한 절망감을 기독교가 달래 준 측면으로부터 상당 부

1   이 개념에 대해서는 Spittler(1988), 409-424 볼 것.

분 기인하였다.

19세기 후반에 한국 교회가 탄생한 이래, 한국 교회를 특징 지워준 것 중 하나는 복음전도였다(Moll 2006a, 1). 평양에서 미국 선교사들이 주도한 대규모 부흥이 일어난 1907년은 또한 최초의 한국인 선교사를 안수한 해로 기록되었다. 그로부터 1907년부터 1937년까지 한국 교회는 157명의 선교사를 파송하였다고 알려져 있다(Moll 2006a, 1). 한국교회는 일본의 지배(1910-1945)와 한국전쟁기에 생존을 위해 투쟁하였다. 그럼에도 이들 시기에 한국인들이 보여준 복음주의적 열정은 미국의 복음주의적 노력과 학생 부흥으로부터 비롯된 근대 선교 운동에 비옥한 토양으로 남아 있었다.

미국의 기독교 선교역사에서 1880년은 여러 신학교의 학생들 가운데 새로운 선교적 관심이 출현한 해로 기록되고 있다(Paik 1987, 96-97). 한국으로 온 초기 미국 선교사들 가운데 많은 이들은 1880년 10월에 열린 제1회 신학교 연합 성회 중에 혹은 이 성회가 끝난 뒤에 해외 선교 사역에 대해 결정하였다. 이 성회에서 그들은 하나님이 그의 재림을 앞당겼고 또한 이 지구상에 있는 모든 민족에게 천국 복음을 선포할 때가 왔다고 믿었다. 폴 버그(Paul A. Varg)가 주장하였듯이, "선교 운동이 그것의 가장 깊숙한 종교적 근원을 찾은 것은 바로 당시 풍미하였던 무디 부흥운동의 정신이었다."(Varg 1954, 69) 무디 유형의 부흥운동은 신학을 강조하지 않았다. 대신에 그것은 죄의식을 강조하였고, 믿음에 의해 의롭게 된다는 것을 설교하였다. '청교도적 열정과 웨슬리적 정열'을 가졌던 미국 선교사들에 의해서 주도된 선교 사역의 영향 아래 한국에는 근본주의가 휩쓸었다. 다시 말해서, 복음 전도의 초기 국면부터 미국 선교사들은 한국 개신교회에 '미국판' 종교적 근본주의를 주입하였던 것이 사실이다(Suh 1985, 11).

근본주의(fundamentalism)는 그 기원부터 기본적으로 일종의 종교적 운동이었다(Marsden 1980, 3). 곧, 근본주의는 성서에 대한 완전한 신뢰를 고백한 미국의 '복음적' 크리스천들 가운데에서 일어난 운동이었다. 어네스트 산딘(Earnest Sandeen)에 따르면, 근본주의는 본래 19세기 후반 미국에서 성서 학원과 그리고 특별히 성서의 예언에 대한 해석을 주제로 열린 집회를 통해서 발전된 '천년왕국' 운동의 산물이다(Sandeen 1970). 근본주의 운동의 천년왕국적 가르침은 '섭리적 천년왕국'이란 형태로 종종 나타났는데, 이것은 인류의 전 역사를 각기 구별되는 시대 혹은 신의 섭리로 나누었다(Marsden 1980, 4-5). 여기서 맨 마지막 섭리(시대)는 '천년왕국' 혹은 그리스도가 지구상에서 천 년간 다스리는 것이 된다. 물론, 오늘날의 완고한 '근본주의자들' 역시 성서의 무오류를 주장하는 엄격한 천년왕국주의자들이다.

이로써, 어네스트 튜브슨(Earnest Tuveson)이 옳게 지적하였듯이, 근본주의는 '섭리주의'의 한 부분으로서, 섭리주의는 구약과 신약에 나타나 있는 모든 성서적 예언들이 문자 그대로 일치하고 조화된다고 주장한다(Tuveson 1968, 225). 섭리주의가 그 동안 다양하게 변화한 것이 사실이기 때문에, 모든 복음주의자들을 섭리주의자로 간주할 수는 없을 것이다. 그럼에도 불구하고, 전(前)천년왕국주의는 일반적으로 '기독교 시온주의'의 아버지라 일컬어지는 아일랜드 출신 목사 존 다비(John N. Darby)의 다음과 같은 기본적 주장을 지지한다: 이스라엘이 거룩한 땅으로 돌아온다 → 교회가 공중으로 들어 올려진다 → 아마겟돈 전쟁이 일어난다 → 그리스도가 이 지구상에서 그의 왕국을 건설하기 위해서 돌아온다. 다비는 장차 마지막 날에 일어날 일들에 대한 자신의 주장을 짜 맞추기 위해서 성서 중에서 구약의 다니엘, 에스겔, 스가랴, 그리고 신약의 요한계시록을 활용하였다. 이 같은 다비의 예측 중에서 가장 중요한 것이 바로 이스라엘의 재건인데, 이것이 종말의 촉매제이다(Burge 2007, 2). 요약하면, 영국에서 19세기에 시작되어 나타난 '전천년왕국적 섭리주의'가 최근에 와서 '기독교 시온주의'로 불리게 되었다고 말할 수 있다(Lampman 2004, 2).

기독교 시온주의자들로서는 1948년에 팔레스타인 땅에 근대 국가로서 이스라엘이 건설된 것이야말로 하나님이 아브라함에게 한 성약(聖約) 곧, 창세기 12장 3절[2]의 성취이며, 이스라엘은 지금부터 그리스도의 재림과 적그리스도가 패퇴하는 아마겟돈의 마지막 전쟁까지 하나님의 행동이 나타나는 중심이 된다(Lampman 2007, 1-2). 그러나 이 모든 것이 일어나기 전에 기독교 시온주의자들은 성서적 예언은 여러 나라에 흩어져 있던 유대인들이 고국으로 돌아오게 된다고 믿는다. 따라서 비록 약간의 지나친 단순화라 할 수 있겠지만, 기독교 시온주의는 일반적으로 말해서 '정치적 함의'를 갖는 신학적 입장이다(Richie 2007, 1). 간단히 말해서, 기독교 시온주의는 신앙을 일종의 '정치적 이데올로기'로 변화시킨다.

1876년 개국 뒤 19세기가 끝날 무렵까지의 기간 동안 조선에 들어온 전형적인 미국인 선교사는 신학과 성서 비평 측면에서 강하게 보수적이었고, 그는 그리스도의 재림에 관한 전천년왕국주의적 견해를 생명의 진리로 여겼다. 1920년대부터 그 다음 40년 간에 이르는 기간 동

---

2  "너를 축복하는 자에게는 내가 복을 내리고 너를 저주하는 자에게는 내가 저주하리니 땅의 모든 족속이 너로 말미암아 복을 얻을 것이라 하신지라."

안 섭리주의는 이스라엘과 엮어졌고 예언이 복음적 정통성의 리트머스 테스트가 되었다(Suh 1985, 2). 티모시 베버(Timothy P. Weber)가 주장하듯이, 1920년대 전투적 근본주의자들이 오늘날에도 여전히 주로 섭리주의자들이다(Weber 1979, 177). 그런 까닭에, 미국에서만도 현재 기독교 시온주의자들이 무려 약 2천만 명에 달하는 복음주의의 한 하위 집단이다(Lampman 2007, 1).

지난 1960년대 이래 이른바 '압축적 근대화'를 이룩한 한국에서 미국 선교의 영향아래 나타난 인상적인 개신교의 양적 성공을 배경으로 하여, 현재 한국은 미국 다음으로 세계에 선교사를 많이 파송하는 나라가 되었다(Moll 2006b, 1). 한국세계선교협의회(KWMA)(사무총장 강승삼 목사)의 최근 추계에 의하면, 한국은 2006년 말 현재 16,000명이 넘는 복음적 선교사들을 해외로 파송하였다.[3] 이로부터, 한국의 일부 열정적인 복음주의자들은 심지어 한국교회가 머지않아 선교사를 해외에 가장 많이 내보내는 나라가 될 것이라고 예측하기도 하였다. 그런데, 한국은 선교사들의 무려 34%를 위험 지역의 미전도 소수종족에게 보내고 있는데, 이것은 세계의 그 평균이 약 10%에 불과한 것과 크게 구별된다. 지난 1973년 빌리 그레이엄(Billy Grayham)은 서울의 여의도에서 개최된 대형 부흥집회에서 한국이 장차 아시아 선교의 교두보가 될 것이라고 예측하였다(Moll 2006b, 4). 2006년 현재, 한국은 1년에 1,100명 이상의 선교사들을 해외로 보내고 있다. 이 같은 숫자는 한국이 홀로 매년 서구 전체를 합한 것만큼 많은 선교사를 해외에 파송하고 있음을 말해준다(Moll 2006b, 3). 한국의 크리스천들은 한국 선교사들이 부유한 서

---

3 「연합뉴스」, 2007. 9. 25.

구와 이른바 '다수 세계'(the majority world) 국가들 간에 교량 역할을 하는 독특한 자리에 있다고 생각한다. 이로써, 최근 전개되고 있는 '다수 세계'의 선교운동에 초점을 모으는 선교학자들은 한국이 종래 서구 지배적이었던 개신교 선교의 세기에 종막을 고하고 그 대신 새롭게 출현하는 선교 운동의 전위대로서 가장 큰 잠재력을 갖고 있다는 데 동의하고 있다(Moll 2006b, 2).

## II. 9·11이후 한국의 기독교 시온주의자들의 위험 지역 내 공격적 선교활동: 역사직 분석

오늘날 '기독교 시온주의'의 아버지로 불리는 다비(1800-1882)가 자신의 말년을 보낸 미국에서 당시에 그의 견해와 예언적 해석의 방법이 괄목할 정도로 받아들여진 것이 사실이다(Marsden 1980, 46). 그렇지만 '기독교 시온주의'라는 용어는 상대적으로 최근에 등장한 것으로서 1990년대 초 이전에는 거의 사용되지 않았다(Wagner 2007, 1). 재(在)예루살렘 국제기독교대사관과 예루살렘에 사무실을 갖고 있고 미국을 거점으로 하는 '평화를 위한 다리'(Bridges for Peace) 두 단체 모두 지난 약 20년 동안 활동하여 왔지만, 2001년 9·11 사건 이후에야 비로소 주류 미디어의 조명을 받게 되었다(Wagner 2007, 1).

다시 말해서, '기독교 시온주의'는 개신교 근본주의 내부의 한 운동으로서 현재의 지역에 이스라엘이라는 현대 국가가 세워진 것을 성서적 예언의 성취로 간주하고 있다. 오늘날 기독교 시온주의는 개신교 근본주의 내의 카리스마적 교회, 오순절 성령운동적 교회, 그리고 독립 성서교회들 가운데서 상당할 정도로 지지를 받고 있다. 한 예로서, 오순절 진영의 성서학자들은 '다비주의'(Darbyism) 혹은 '근본주의적 섭리주의'를 거부하지만, 펜테코스탈들은 전체적으로 보아 섭리주의에 대해서 독특한 매력을 느끼고 있다(Richie 2007, 4). 이로써, 일반 지역 교회의 성서 연구는 말할 필요도 없고, 펜테코스탈적 '예언 집회' 혹은 '예언 세미나' 속에서 '예언 강사'가 종종 청중 앞에다가 형형색색의 칼라 선 및 도표로 그려진 차트들을 펼쳐 보이면서 섭리적 패러다임에 따라 세계 사건들의 전체적 코스를 열정적으로 설명하는 모습이 흔한 것이 사실이다 (Richie 2007, 5). 요약하면, '기독교 시온주의'는 프로테스탄트 기독교의 근본주의 진영 내에 자리 잡고 있다고 보아야 한다. 한국 개신교회가 여전히 '미국판' 종교적 근본주의에 속한다는 점을 고려할 때, 한국을 거점으로 해외에서 활발하게 선교활동을 펼치고 있는 인터콥(INTERCP)[4] 같은 복음주의적/근본주의 집단의 다수는 '기독교 시온주의자'로 분류될 수 있다.

지난 2004년 5월 30일 중동 지역의 선교 사역에 대한 열정을 가졌던 한국인 통역자 김선일이 이라크에서 테러범들에 의해 납치되는 일이 발생하였다. 수많은 한국인 선교사들처럼 김선일도 전쟁 지역에서 사역하는 위험한 일을 자발적으로 맡았다. 이 납치 사건은 그 동안 세

---

4   한국전문인선교협회로도 불리는 이 단체는 자신의 공식 웹사이트(http://www.intercp.net)를 통해서 10/40창 유라시아대륙에 퍼져있는 미전도 종족집단의 개척 선교를 목적으로 1983년에 설립된 초교파적 해외선교기관이라고 밝히고 있다. 그리고 인터콥은 산하에 아시아협력기구(IACD)라는 비정부기구(NGO)를 갖고 있으며, 2007년 당시 약 500명의 선교사를 해외에 파송하였다고 스스로 소개하였다.

계에 별로 알려지지 않았던 한국의 선교운동이 텔레비전의 화면에 그 모습을 처음 드러내게 함으로써 한국 정부는 물론 서구인들도 동시에 놀라게 만들었다. 알카에다와 관련된 것으로 추정되는 무장 집단은 한국 정부가 이라크로부터 한국군을 철수하는 것을 거절한 바로 뒤에 김선일을 교수형에 처했다.[5] 2004년 6월 22일 김선일의 잘려진 신체가 이라크 바그다드의 외곽 지역에서 발견되었다. 김선일을 처형한 무장 집단은 7월 20일 자신들의 웹사이트에서 김선일을 죽인 것은 '종교적' 이유 때문이었다고 밝혔다. 어떤 의미에서, 김선일의 희생은 한국인들이 일찍이 빌리 그레이엄이 예측했던 것을 하고 있음을 말해준다. 김선일의 행보에서 나타난 것과 같은 식의 열정 혹은 충동은 한국의 선교사들을 위험한 지역으로 파송하는 많은 한국인들이 현재 공유하고 있는 일종의 특질이라고도 볼 수 있다.

김선일의 죽음이 있은 후 한 달 뒤인 2004년 7월 22일 한국 정부는 예루살렘에서 그 해 8월로 예정되어 있는 '평화 행진'을 취소하거나 연기하도록 이 행진을 조직한 기독교 단체에게 강력하게 요구하였다. 당시 정부 측에서는 평화 행진 같은 행보가 이슬람 집단의 테러 공격을 유발할 개연성이 높다는 이유를 들어 행사의 취소나 연기가 필요하다고 주장하였다.[6] 사태가 이럼에도 불구하고, 860개의 국내외 개신교회 소속의 무려 약 2,500명에 달하는 기독교인들이 같은 해 8월 7일부터 11일까지 한국의 기독교 시온주의를 대표한다고 볼 수 있는 인터콥이란 복음주의적/근본주의 선교단체의 산하 조직인 아시아협력기구

---

**5**  *NBC News*, 2004. 6. 22.
**6**  *AsiaNews*, 2004. 7. 22.

(IACD)[7]가 주최한 '예루살렘 예수 행진'(the Jerusalem Jesus March)에 참여하였다.[8] 성스러운 도시로 알려진 예루살렘에서 치러진 '예루살렘 2004' 행진은 이스라엘 사람들과 팔레스타인 사람들 간의 기도를 통한 평화를 외쳤다.[9] 당시 인터콥의 대표이자 IACD의 책임자로서 현재 한반도국제대학원대학교(KUIS)[10]의 총장직에 있는 최바울(최한우) 목사(침례교, 전 한동대 교수, 중동학)는 9·11 사태이후 세계에서 반미(反美)감정이 증폭되고 있다고 보면서 이제 한국이 미국으로부터 세계 선교의 주도권을 받아와야만 한다고 강변하였다.

더욱이, 2006년 8월 927명의 한국인 복음주의자들이 IACD의 후원 속에 이른바 평화 행진으로 알려진 행사에 참여하기 위해서 아프가니스탄에 갔다가 마침내 이 무슬림 국가로부터 추방되는 일이 발생하였다.[11] 이 사건 역시 한국 선교사들의 '과도한 열정'을 잘 보여준다. 평화 축제와 교육 및 오락 프로그램을 한다고 알려진 이 평화 행진 집회는 당시 아프간 및 한국 정부 양쪽에서 심각한 우려와 문제제기를 하였음에도 불구하고 조직되어 추진되었다. 그 때 아프간 정부의 한 관리는 다음과 같이 말하였다: "이곳은 무슬림 국가이다. 따라서 기독교 행동주의자들의 존재는 많은 사람들의 정서에 반하는 것이다. 우리는 이 행사를 추진하는 한국인 조직 책임자들에게 이것을 말하고 있지만 그들은 우리말을 들으려 하지 않는다."[12] 당시 이 행사의 조직 책임자였던

---

7 http://www.iacd.or.kr [2019. 4. 17 접속].

8 *AsiaNews*, 2004. 8. 12.

9 참고로, 한국이 장차 인류 구원의 중심이 될 것이라 주장하는 통일교 역시 예루살렘에서 '2003년 예루살렘평화대행진'을 개최한 바 있다.

10 http://www.kuis.ac.kr [2019. 4. 17 접속].

11 「조선일보」, 2006. 8. 1; *The Korea Times*, 2006. 8. 4.

12 *AsiaNews*, 2006. 8. 2.

최한우 목사는 "아프간의 지방 정부와 주민들은 우리와 잘 협동하고 있다"면서 자신의 실망을 드러냈다. 그는 평화 행진은 전쟁으로 찢겨진 나라의 재건을 돕고 평화를 증진시키기 위해서 마련된 '비종교적' 행사라고 주장하였다. 그러나 한국 정부는 이 행사가 기독교를 포교하는 장이 될 수 있고, 이럴 경우 이 같은 행위는 급진적 무슬림으로부터 테러 공격을 유발할 수 있다는 측면에서 행사 취소를 강권하였다.

2007년 7월 19일 아프가니스탄에서 분당샘물교회(고신) 소속 자원봉사자/선교사 23명이 이동 중에 간지 지역에서 탈레반들에게 피랍되는 사태가 발생하였다. 그런데 23명의 피랍자들 중 2명의 여성은 원래 최바울 목사가 이끄는 인터콥에 속한 선교사들로서 아프간에서 활동 도중 이번에 분당샘물교회 요원들의 안내를 맡았다는 사실이 당시 한 언론[13]에 밝혀졌다. 23명의 피랍자들 중 인솔단장을 맡은 목사 1명을 포함하여 2명의 남자는 탈레반과 한국 정부 간의 접촉이 성사되기 전에 처형되었다. 한국 정부가 2007년 말까지 아프간에서 200명의 군인들을 철수한다는 약속을 함으로써 이 인질들은 2007년 8월 29일과 30일 두 차례에 걸쳐 모두 풀려났다.

이 인질 사태에 대한 일반의 반응과 관련하여, 많은 한국인들은 외교통상부가 탈레반이 자신들의 갇힌 동료를 구출하기 위해서 한국인을 납치할 계획을 갖고 있다고 여러 차례 경고하였음에도 불구하고 인질들이 이슬람국가인 아프간에서 기독교 선교 활동을 벌인 것에 대해서 비판적이었다. 이로부터 개신교회들은 당시 한국 사회에서 강한 비판 아래 놓이게 되었다(Pullman 2007). 그래서 2007년 아프간 인질사태 이

---

13 「뉴스앤조이」, 2007. 9. 20.

후 각 기독교 공동체에서는 이슬람 국가에서 공격적인 선교 행위를 하는 것을 놓고서 뜨거운 논쟁이 벌어지게 되었고, 기독교 진영 밖에서는 전국적으로 일반인들(특히 네티즌) 가운데서 한국이 해외에서 공격적 선교를 하는 것을 두고서 거센 비판이 일어나게 되었다.[14]

　　한국의 선교학자들은 일반적으로 한국인 선교사들이 샤머니즘적 문화와 전천년왕국적 섭리주의로부터 강한 감정적 열정을 갖고 있지만, 이들이 선교 전략과 문화적 감수성 면에서는 부족하다는 데 동의한다. 한국의 헌신적 기독교인들은 이번 샘물분당교회의 아프간 선교가 사전에 잘 조직된 것은 아니었다고 인정하면서도, 이 선교활동은 우러러볼 만한 목적을 가졌던 것이라고 주장한다(Veale 2007). 즉, 그들은 이 선교집단이 단지 예수께서 이웃의 타인들에게 하신 것처럼 우리도 이들을 도와주라는 명령에 충실한 것이었다고 본다. 이는 달리 말해서, 한국의 기독교인들은 해외 선교에 대해서 이제는 좀 더 조심스러운 접근을 채택해야 한다는 데는 동의하면서도, 최근에 한국교회와 해외 선교를 향해서 제기되는 비판 때문에 복음 전파라는 대의마저 희생할 수는 없다고 본다. 이런 측면에서 주목할 것은, 공격적이고 야심적인 복음전도가 여전히 한국교회 대다수가 벌이는 주요한 실천의 현주소라는 사실이다. 이들 한국교회는 오늘날 한국이 누리게 된 '번영'이 일본의 식민 지배 혹은 한국전쟁 중에 한국에 들어온 서구 선교사들의 희생적 사역으로부터 결과된 것이라고 본다. 앞서 언급한 최바울 목사의 완강한 입장처럼, 한국의 기독교인들 다수는 과거 한국과 같은 제3세계 국가들 속에 들어와서 선교 사역과 봉사를 하다가 일부는 순교까지 당했던 외

---

**14**　*AsiaNews*, 2007. 8. 29; 「연합뉴스」, 2007. 8. 31; 「뉴스앤조이」, 2007. 8. 31.

국인 선교사들에게 이제는 그들이 진 빚을 되갚아야 마땅하다고 생각한다. 이로써, 한국의 기독교인들로서는 공격적 복음 전도가 옳지 않은 것이라고 말하기가 쉽지 않다. 왜냐하면 만약 복음 전도를 부정할 경우 이것은 성서가 명하는 것에 대해서 근본적으로 부인하는 것을 의미하기 때문이다. 그럼에도 한국의 기독교인들이 앞으로 공격적 선교 문제를 놓고서 커다란 논쟁을 하게 될 것은 거의 확실해 보인다. 요약하면, 2007년 아프간에서 일어난 인질 사태는 한국인들에게 분노, 좌절 및 무력감만을 갖다 준 것이 아니라, 특히 한국의 기독교인들에게는 향후 한국교회가 해외에서 선교 사역을 어떻게 하는 것이 옳은 지에 대해서 근본적인 성찰과 반성을 하도록 하는 계기가 되었다고 말할 수 있다 (Kang 2007).

## Ⅲ. 세계 제1의 선교국이 되고자 하는 한국의 크리스천과 교회를 어떻게 볼 것인가

카렌 암스트롱(Karen Armstong)은 『신을 위한 싸움: 근본주의의 역사』(2001)에서 근본주의는 9·11의 파국에서 예시되었듯이 단순히 과거로 돌아가는 것이 아니라 현대 세계의 정신적 위기에 대한 반응이라고 보았다(Armstrong 2001). 9·11 테러사건의 주요한 피의자인 오사마 빈 라덴(Osama bin Laden)은 9·11 사건은 이 세상이 두 개의 적대적인 진영─신을 위한 진영과 신에 대항하는 진영─으로 나뉘어져 있음을 잘 드러냈다고 주장하였다(Armstrong 2001, viii). 이와 비슷하게, 미국의 기독교 근본주의자 제리 팔웰(Jerry Falwell)과 팻 로버트슨(Pat Robertson)은 9·11의 비극은 미국에서 세속적 인본주의자들이 저지른 죄에 대한 하나님의 심판이라고 주장하였다. 그래서 암스트롱은 말한다. "9·11 이래 세계의 많은 지역에서 한층 극단적인 것으로 변모하고 있는 근본주의적 운동들을 깊이 이해하는 것이 예전보다 훨씬 급박하게 되었다"(Armstrong 2001, ix). 마크 윌겐스마이어(Mark Juergensmeyer)에 의하면, 오늘날 세속 국가의 도덕적 지도력이 냉전의 종식과 전 지구적 경제의 출현이 일어난 지난 20세기 마지막 4반세기 뒤에 크게 도전받게 되었다. 냉전은 공산주의와 민주주의라는 두 개의 대립적인 도덕 정치 모델을 제공하였으나, 냉전이 끝남에 따라 이제는 이것들이 전 지구적 시장에 의해 대치되었고, 전 지구적 시장이 민족국가의 주권을 약화시키는 것은 물론 정치적 이상도 현저히 결여되게 만들었다(Juergensmeyer 1993, 229). 이 같은 문명사적 대전환의 여파로 나타난 공중의 불안감은 세계화로 인해 경제적으로 한층 황폐해진 국가들뿐만 아니라 심지어는 경제력이 상대적으로 강한 산업국가들 속에서도 여실히 나타나고 있다(Juergensmeyer 1993, 229-30). 한 예로서, 한국은 1997년의 IMF 금융위기 이래 연속 집권한 좌파 민족주의적 정치 지도자들에 대한 일반 국민의 거센 불만과 함께 우파 민족주의적 종교운동(주로 복음주의적 개신교)의 발흥을 목도하게 되었다. 외견상으로는 이른바 '뉴라이트' 운동이라는 정치적 운동으로 불리지만, 개신교의 김진홍 목사 같은 이가 앞장을 섬으로써 사실상 종교운동의 성격을 띤 이 운동은 공중으로 하여금 종교적 세계관의 정당성을 인정하도록 촉구하였다. 그러나 이 과정에서 이 운동은 자체 분열과 노선 시비 등 몇 가지 시행착오도 일으킨 것이 사실이다.

1979년 이란에서 일어난 갑작스런 이슬람 혁명 이래 종교적 민족주의가 전 지구적으로 발흥한 것을 고려할 때, '이데올로기적' 종교 민족주의가 현금의 세계사에서 강하면서도 다루기 힘든 세력이란 사실을 주목하여야만 한다(Juergensmeyer 2001, 69). 이데올로기적 종교민족주의는 '이념과 신앙'이 결합된 것이다. 예로서, 일본에서 얼마 전 출현한 옴진리교의 교주는 16세기 프랑스 천문학자 노스트라다무스로부터 기독교 이념을 빌려와서 1999년에 제3차 세계대전의 형태로 아마겟돈이 도래할 것이라고 예언하였다. 옴진리교 교주는 이 아마겟돈 전쟁 뒤에 생존자의 대부분은 그 자신의 운동의 구성원이 될 것이며, 옴진리교의 '성자들'이 2014년에 새로운 사회를 건설하게 될 것이라고 주장하였다(Juergensmeyer 2001, 76). 월겐스마이어에 의하면, 이데올로기적 종교민족주의는 다음과 같은 일련의 과정을 따라 전개 된다: 세속적 민족주의에 대한 불만족 → 종교적 관점에서 정치를 인식하기 → 치명적인 적을 사탄의 세력으로 동일시하기 → 세계를 전 우주적 대립 속에 갇혀 있는 것으로 받아들이기 → 종교적 국가들이 건설한 평화로운 세계 질서의 도래. 옴진리교 같은 정치화된 종교운동은 현재의 지정학적 위기 속에서 절망감과 고립감을 느끼는 사람들의 반응이다. "세속적 민족주의의 도덕적 정당성이 보다 확실해 질 때까지, 도덕적 질서에 대한 종교적 비전은 매력적인 해결책으로서 계속 출현할 것이며, 종교적 행동주의자들은 스스로를 정치적 구원의 우주적 드라마에서 전사(戰士)라고 여기면서 이 같은 해결책을 폭력적인 방법으로 계속 주입하려고 시도할 것이다."(Juergensmeyer 2001, 76)

한편, 지난 수년 동안 펜테코스탈적/복음적 열정이 이제 곧 식어버릴 것이라는 계속된 경고가 있었다.[15] 그러나, 최근의 '아프가니스탄 논쟁'이 예시하듯이, 현재까지 이 같은 경고는 정확하지 않은 것으로 판명되고 있다. 그래서 우리는 한국의 복음적 근본주의자들이 표현하고자 하는 것이 과연 무엇인지를 밝히기 위해서, 이라크, 이스라엘 및 아프가니스탄 등과 같은 위험한 지역에서 그들이 공격적인 선교 행위를 하는 것에 내재하는 동기를 설명하는 것은 물론 그들의 근본주의적 이미지(예: 전천년왕국주의)를 파헤쳐야 할 것이다.

'전 지구적 영적 정복'[16]에 경도된 한국의 펜테코스탈적/복음주의적 선교사들의 확장주의적 신념이 지난 9·11 테러사건 이후 한층 제고된 것은 필자가 보기에 '복음적 근본주의'와 '이데올로기적 종교민족주의' 양자 사이의 상호작용 혹은 접합의 산물로서 '한국판 기독교 시온주의'에 의해서 주로 주조된 것처럼 판단된다. 필자는 미국 개신교 근본주의 진영의 영향권 아래 여전히 놓여 있는 한국판 기독교 시온주의는 현재의 지정학적 위기 속에서 다음과 같은 다양한(신학적, 역사적, 문화적, 사회적, 정치적) 상호 연관된 요인들의 산물이라고 본다: (1) 미국 선교의 영향 속에 뿌리를 갖는 '전천년왕국적인 계시적 기대', (2) 세계 기독교사에서 비범한 한국 개신교 성장으로부터 초래된 '한국 기독교의 승리주의', (3) 한국의 재벌들로 잘 상징되는 한국의 경제적 성공과 1988년 서울올림픽게임 및 2002년 서울월드컵 등으로부터 파생된 '한국의 도덕적 우월감', 그리고 마지막으로 (4) 9·11 이후 세계에서 반미감정의 증가와 함께 나타난 '한국중심주의'. 이들 중 몇 요인은 아래에서 인터콥

---

15  한 예로서, *The Economist* (December 23, 2006), 50을 볼 것.
16  이 개념은 펜테코스탈 운동 연구의 권위자인 Allan Anderson의 'global spiritual conquest'를 우리말로 옮긴 것이다. 그의 최근 저서(2007)를 참고할 것.

최바울 목사의 최근 행적과 돌출적 발언 등과 관련하여 좀 더 자세히 검토될 필요가 있을 것이다.

한국의 성서적 전천년왕국주의자들을 대표한다고 볼 수 있는 인터콥 대표 최바울 목사는 1948년 이스라엘이 건설된 것을 강하게 지지하고, 세상의 급작스런 종말을 예언하고 또한 그리스도가 세상에 돌아와서 다스리기 전에 그리스도를 위하여 모든 나라들이 영적으로 정복되어야만 한다고 믿고 있다. 현재, 최바울 목사는 미국의 '영적 전투 운동'(spiritual warfare movement)의 지도자격인 전 풀러(Fuller)대학 교수인 피터 와그너(C. Peter Wagner)를 따라(Wagner 1992), 이른바 '전 지구적 영적 도해(圖解)'(global spiritual mapping)를 소리 높여 강조하고 있다. 또한 최바울 목사는 "예루살렘으로 돌아가는 운동"(Back to Jerusalem Movement)[17]의 잘 알려진 주창자이다. 이 운동은 본래 중국의 가정교회가 중국에서 지중해까지 이어지는 고대 무역 길인 실크 로드를 따라서 세계의 모든 불교, 힌두교 및 무슬림 국가들을 전도하고자 하는 비전이다. 흥미롭게도, 최바울 목사는 이스라엘의 재건에 대한 성서의 일부 구절들을 문자 그대로 믿으면서, 구약 이사야서 49장 12절에 나오는 '시님'[18]을 '중국'으로 해석하고 있다.[19] 최바울 목사는 한걸음 더 나아가 중국교회의 지도자들이 '예루살렘으로 돌아가는 운동'을 주도하고 있는 것이야말로 놀라운 사실이라고 말한다.

최바울 목사는 2007년 한국교회는 현재 갈림길에 놓여 있다고 인정하면서, "예루살렘의 예수행진 2004: 마지막 영적전쟁"라는 제목의

---

**17** www.backtojerusalem.com.

**18** the region of Aswan (영어 성경)

**19** 최바울, "예루살렘 예수행진 2004 - 마지막 영적전쟁," http://www.intercp.net. [2007 7 21], 3.

설교에서 세계의 많은 나라들 중 한국이 9·11 이후 미국으로부터 세계 선교의 주도권을 이어받아야만 한다고 강변한 바 있다. 이것은, 필자가 보기에, 우선 첫째로 '영적 신비주의'를 드러내는 것이며, 또한 둘째로 '한국중심주의'를 반영하는 것이라 판단된다. 달리 말해서, 심리학적으로 보면, 이것은 사회적 설명에서 종종 나타나는 자아에 쏠린 경향으로서의 '자아 중심적 사고'를 드러낸다(Aronson 2004, 136-138). 대부분의 사람들은 자신들이 세상의 일들에 대해서 사실보다 한층 더 '중심적'이라고 인식하는 경향이 있다. 이는 특히 중요한 세계 지도자들의 경우 어떤 악의적 행위가 실제로는 계획조차 되지 않았거나 혹은 이런 행위가 다른 이유로 인해서 불발로 끝날 경우에서조차 자신이 펼치는 행위가 적대자의 악의적 의향을 좌절시킨다고 믿는다.

이런 측면에서, 필자는 지난 2006년 8월 평화 행진과 관련되어 제기된 '아프간 논쟁'을 다시 거론할 필요를 느낀다. 당시 예정된 평화행진이 있기 바로 전날 밤, 이 행진의 조직 책임을 맡은 최바울 목사는 인터넷으로 중계된 자신이 행한 설교를 통해서 그가 평화행진을 놓고서 기도하는 중에 하나님으로부터 '승낙'의 뚜렷한 메시지를 받았다고 천명하였다. 그렇지만 아프간 정부는 이 평화행진이 자신의 나라에서 이슬람 문화와 풍습에 반하는 것이라고 결정하였다. 그 결과, 최바울 목사는 행사가 시작되기 바로 전에 어쩔 수 없이 이 평화행진을 취소할 수밖에 없었다. 따라서, 여기서도 그가 보인 완고한 태도는 한국중심주의, 주관주의 및 자아 중심성을 여실히 나타낸다고 볼 수 있다. 그런데, 유감스럽게도, 세계 선교에 대한 이 같은 미성숙하고 교만한 태도가 한국의 복음주의자와 펜테코스탈들 및 그들의 교회에서 비일상적인 것이 아니다.

미국의 저명한 국제정치학자 새무얼 헌팅턴(Samuel Huntington)은 최근 자신이 편집한 『문화가 중요하다』의 서문(Huntington 2000)에서 아프리카 가나의 저발전과 한국의 발전을 비교한 바 있다. 또한 헌팅턴은 (한국을 포함하여) 동아시아인들에게 자신들이 이룩한 번영은 그 자체만으로서도 자신들의 '도덕적 우월감'의 증명이라는 점을 지적한 바 있다(Huntington 1997, 109). 그래서 우리는 지구촌 속에서 '물질적 성공' 뒤에 자신의 '문화에 대한 긍정(자부심)'이 따라온다고 말할 수 있다. 즉, 강성의 힘(경제성장, hard power)이 연성의 힘(문화 자부심, soft power)을 낳는다. 이것이 아프가니스탄으로부터 추방된 한국의 복음주의자들/근본주의자들이 가졌던 종교적 열정의 배경 이유를 적어도 부분적으로 설명해 준다고 본다.

그래서 아프가니스탄 인질 사태가 일어났을 때, 미국 UCLA대학의 옥성득 교수(전공: 한국기독교사)는 『크리스천 투데이』와 인터뷰에서 한국인들이 서울에 있는 초대형교회를 비판하고 있다는 사실에 새삼 주목한 바 있다. 한국의 일반인이 볼 때, 초대형교회는 사회적, 정치적 쟁점에 눈길을 돌리기보다는 그들 스스로에게만 재정을 사용한다고 믿고 있다. 옥성득 교수는 "이제는 그들이 교회의 선교에서의 승리주의, 다른 문화에 대한 이해와 감수성의 결여, 그리고 보수적인 개신교회의 종교적, 신학적 근본주의에 대해서 공격하고 있다"고 말하였다.[20]

한편, 아프가니스탄에서 요란한 '평화행진'이 실패한 바로 뒤에, 복음적 근본주의자 최바울 목사는 "아프가니스탄 평화축제—의미와 과제"[21]라는 제목의 설교에서 이 세상이 우주적 대립—이삭의 세계 대(對)

---

**20** *Christian Today*, 2007. 9. 25.

이스마엘의 세계―속에 갇혀 있는 것으로 인식하였다. 그런데, 이상하게도 그는 우주적 전쟁이 끝난 뒤에 평화로운 세상이 도래할 것이라면서 그의 복음적 추종자들과 자신은 모두 '평화의 창조자'임을 반복적으로 강조하고 있다. 이것은 또 한번 최바울 목사가 세계의 국가 간 일들을 인식하는 데 '자아 중심적 사고'를 하고 있음을 잘 보여준다.

또한 최바울 목사가 9·11 사태 이후 세계 선교에서 한국이 이제는 새로운 지도력을 발휘해야 한다고 제안한 것은 19세기 미국에서 기독교인들이 그들의 나라에 대해서 '선교 영토 확장의 명백한 운명'(Manifest Missionary Destiny, Anderson 1988, 98-118)을 믿었던 것을 상기시킨다. 미국의 근본주의적 선교사들의 영향 아래, 한국인들은 한국을 세계의 개종을 위한 사업의 가장 최초로 그리고 최우선적으로 선택된 자리로 받아들이고 있다. 이로써, 아프가니스탄의 피랍 사태 와중에 정치적 무지와 함께 종교적 만용에 대해서 거칠게 비판이 제기되었음에도 불구하고, 최바울 목사는 한 인터넷 신문[22]에 자신이 쓴 사설("아프가니스탄 단기사역팀 피랍사건을 어떻게 볼 것인가?")의 맨 마지막 결론부분에서 다음과 같이 주장하였다: "이번 사건은 영적으로 보면 분명 한국교회에 대한 사단의 영적 도전이다. 한국교회는 이러한 영적 콘텍스트를 이해하고 오히려 전심으로 헌신하며 신속한 지구촌 복음화를 위해 나아가야 할 것이다."

이데올로기적 종교민족주의의 영역에서, 정치를 종교적으로 인식하는 것은 종종 사태가 잘못될 때 누가 혹은 어떤 종교적 세력이 잘못

**21** *Christian Today*, 2006. 8. 30.
**22** *GMNnews*, 2007. 7. 21.

인지를 식별하도록 인도한다(Juergensmeyer 2001, 76). 정치를 종교적 관점으로 보게 되면, 사회적, 정치적 문제들의 뿌리가 종종 '종교적' 용어로 비추어지게 된다. 이런 식의 사고의 가장 극단적인 형태는 '사탄화'(satanization)이다(Juergensmeyer 1993, 22-23). 월겐스마이어의 이론을 원용할 경우, 최바울 목사는 탈레반 같은 도덕적 적을 '사탄의 세력'으로 동일시하고 있다.

미국의 시민전쟁(19861-65)의 종교적 효과에 대한 새무얼 프리드먼(Samuel R. Friedman)의 가설(Friedman 1975, 201-205)을 따라서, 우리는 한국전쟁(예: 공산주의자)의 전후에 그리고 9·11 사건(예: 이슬람 테러주의자) 이후에 적(敵)의 사회적 실재가 복음적 근본주의자들 가운데서 사탄에 대한 믿음의 강도를 한층 제고시켰으리라 추론할 수 있다. 즉, 전쟁 또는 9·11 테러 사건 같은 일들 뒤에, 증가된 기독교 종교성의 독특한 형태는 '부흥운동'이다. 한반도가 아직도 남북으로 분단되어 있고, 특히 한국은 세계관의 대립을 뜻하는 이른바 '문화전쟁'(Hunter 1991)속에 있는 것을 고려할 때, '사탄화' 혹은 심대한 적을 사탄의 세력으로 동일시하는 것이 우리 들 가운데서 바로 없어지기는커녕 오히려 증가하고 있는 현상을 주목하게 된다.

## IV. 결론

선교학자 앤드류 월스(Andrew Walls)는 한국을 비롯한 몇몇 새로운 선교사 파송국가들이 해외로 파송하는 선교사들의 수가 증가하고 있음에도 불구하고, 장차 개신교 선교사는 대체로 미국인이 될 것이라고 예언하였다(Walls 1991, 151). 그런데 최근 월스는 영국이 한 때 해외로 선교사를 왕성하게 파송하는 국가가 된 요인들과 관련하여, 다음과 같은 다섯 가지를 거론하였다(Neff 2006, 2): (1) 강한 지역 교회들, (2) 높은 수준으로 교육된 국민, (3) 경제적 번영, (4) 국제적인 정치적 영향력, 그리고 마지막으로 (5) 종말론적 급박감. Christianity Today의 데이빗 네프(David Neff)에 의하면, 한국은 대영제국이 한 때 전 세계적인 영향력을 발휘한 것에는 필적하지 않지만, 현재 월스가 지적한 나머지 네 요인 모두를 소유하고 있다(Walls 1991, 151).

월스의 단순하지만 흥미있는 이론은 필자로 하여금 영국의 사회학자 피터 스미스(Peter Smith)의 유명한 테제를 상기시킨다: 상승과 패권을 경험하는 민족국가 속에서 '국교화된 종교'는 인기가 올라가는 반면, 국가가 몰락할 때 그 같은 종교는 인기가 내려갈 것이다(Smith 1986, 88-105). 세계체계이론의 관점에서 쓰여진 스미스의 논문은 미국의 사례에 적용할 경우 심각한 도전을 받게 된 것이 잘 알려진 사실이다(Burdick and Hammond 1991, 194). 국교화된 종교의 가장 국제적 측면—해외 선교—속의 변화가 세계질서 모델에 부합되지 않는 것은 물론 실제로 그것과 모순을 일으키기도 한다. 세계질서 이론은 종교적 상황 속에 존재하는 몇 가지 미묘한 것들에 대해서는 상대적으로 이해의 한계를 드러내고 있다. "열정은 비범한 인간의 자원이지만 격하기 쉬운 것"[23]이

---

23  J. Miller, *The Social Control of Religious Zeal: A Study of Organizational Contradictions* (New Jersey: Rutgers University Press, 1994), 1.

라는 측면을 고려할 때, 우리는 한국인의 종교적 열정 역시 앞으로 바로 소멸되지는 않을 것이라고 말할 수 있다. 최바울 목사 같은 종교적 행동주의자들이 앞으로 성공할 것인가? 적어도 한동안은 그러리라 볼 수 있다.

암스트롱이 『신을 위한 싸움』의 후기에서 다시 한번 강조하고 있듯이, '기독교 시온주의'로 예시된 근본주의 혹은 전투적 경건성은 사라지지 않을 것이며, 오히려 현대의 삶의 일부가 될 것이다. 따라서 근본주의자들을 일부 얼빠진 미친 사람들이라고 치부하는 것은 잘못된 것이다. 역사가 보여주는 것은 근본주의를 억압하려는 시도는 단순히 그것을 더욱 악화시킬 뿐이다(Armstrong 2001, ix). 그러나 근본주의적 믿음(예: 전천년왕국적 섭리주의)에 대한 깊은 종교적 헌신의 광대한 함의를 제대로 평가하지 못한다면, 우리는 근본주의자들의 사고와 행위를 도저히 제대로 이해할 수 없을 것이다(Marsden 1980, 3). 이런 맥락에서, 이글은 미국 개신교의 근본주의 진영과 결합된 한국판 기독교 시온주의가 다양하면서도 상호 연관된 요인들—전천년왕국주의, 한국의 기독교 승리주의, 한국인의 도덕적 우월감, 그리고 한국중심주의 등—의 산물임을 밝히려고 노력하였다.

필자는 2007년 7월 아프가니스탄에서 한국인 인질사태가 발생하기 바로 전에 이루어진 한 연구(Kim 2007)에서 한국의 개신교의 미래에 대해서 다음과 같은 결론을 제시한 바가 있다: "한국 개신교의 사회적 정당성이 최근 쇠퇴하고 있음에도 불구하고, 한국교회가 종교적 열정을 갖고서 해외에 선교하는 것은, 최근 '아프가니스탄 논쟁'에서도 잘 예시되었듯이, 역설적으로 당분간은 그 강도 면에서 오히려 증가할 것처럼 보인다." 지구촌에서 무슬림을 개종시키는 데 매우 열심인 인터콥의 최바울 목사 같은 한국의 일부 복음적 근본주의자들이 갖고 있는 오만한 태도는 가부장적 모험 혹은 '영적(정신적) 제국주의'[24]로 여겨질 수도 있다. 이런 측면에서 19세기 기독교 선교는 서구 문명과 깊숙하게 결합한 상태 속에서 펼친 선교 행위 그 자체로 인해서 해당 선교지에서 몇몇 사회학적 문제를 뚜렷이 초래한 사실을 상기할 필요가 있다. 이로부터, 일반적으로 말해서, 우리는 기독교 선교사 외국 땅에 거주하는 사람들을 대상으로 복음을 전파하는 행위 그 자체가 초래하는 사회적 혼란에 대해서 언제나 매우 민감한 것은 아니었다고 말할 수 있다(Mehl 1970, 173).

끝으로, 한편 필자는 아프간 인질 사건의 주인공들을 비롯하여 한국의 기독교 자원 봉사자들 혹은 선교사들 가운데 내재하는 또 다른 동기에 주목한다. 이들은 최근 들어 한층 '강화된 세계화'(Scholte 2005, 241)가 갖다 준 지구촌과 세계 공동체 속에서 '인간'으로서 자기 인식의 제고 즉, 이 지구상에 사는 모든 인간들에 대해서 예전에 갖지 못한 새로운 결속과 책임을 느끼게 된 측면 역시 일정 부분 작용하였을 것이라고 본다.

---

24 'spiritual imperialism'을 우리말로 옮긴 것이다. Latourette(1941), 52 볼 것.

# 참고문헌

Anderson, A. 2007. *Spreading Fires: The Missionary Nature of Early Pentecostalism*. London: SCM Press.

Anderson, G. H. 1988. "American Protestants in Pursuit of Mission: 1886-1986." *International Bulletin of Missionary Research*, vol. 12, 98-118.

Armstrong, K. 2001. *The Battle for God: A History of Fundamentalism*. New York: Ballantine Books.

Aronson, E. 2004. *The Social Animal*, ninth edition. New York.: Worth Publishers.

Burdick, M. A. and P. E. Hammond, 1991. "World Order and Mainline Religions: The Case of Protestant Foreign Missions." In W. C. Roof, (eds.) *World Order and Religion*. Albany: State University of New York Press.

Burge, G. M. 2007. "Christian Zionism, Evangelicals and Israel." http://Christianization.org/articles/Burge01.html [2007. 6. 7 접속].

Clark, D. N. 1986. *Christianity in Modern Korea*. New York: University Press of America.

Freston, P. 2001. *Evangelicals and Politics in Asia, Africa and Latin America*. Cambridge, UK: Cambridge University Press.

Friedman, S. R. 1975. "War and Religious Belief." *International Yearbook for the Sociology of Religion*, vol. 9, 201-205.

Hunter, J. D. Hunter. 1991. *Culture Wars: The Struggle to Define America*. New York: Basic Books.

Huntington, S. P. 1997. *The Clash of Civilization: Remaking of World Order*. New York: A Touchstone Book.

_____. 2000. "Introduction: Why Culture Matters." In L. E. Harrison and S. P. Huntington (eds.), *Culture Matters: How Values Shape Human Progress*. New York: Basic Books.

Jenkins, P. 2002. *The Next Christitendom: The Coming of Global Christianity*. New York: Oxford University Press.

Juergensmeyer, M. 1993. *The New Cold War? Religious Nationalism Confronts the Secular State*. Berkeley: University of California Press.

_____. 2001. "The Global Rise of Religious Nationalism." In D. N. Hopkins (ed.), *Religions/Globalizations: Theories and Cases*. Durham: Duke University Press.

Kang, K. C. Kang, 2007. "Abductions Spotlight Koreans' Missionary Zeal." *Los Angeles Times*. August 4, B2.

Kim, S. G. 2006. "Pentecostalism, Shamanism and Capitalism within Contemporary Korean Society." In S. J. Stalsett (ed.), *Spirits of Globalization: the Growth of Pentecostalism and Experiential Spiritualities in a Global Age*. London: SCM Press, 23-38.

_____. 2007. "Korean Protestant Christianity in the Midst of Globalization." *Korea Journal*. vol. 47 no. 4, 147-76.

Lampman, J. 2004. "Mixing Prophecy and Politics." *The Christian Science Monitor*. July 7, 2004.
http://www/csmonitor.com/2004/0707/p15s01-lire.htm [2007. 10. 5 접속].

Latourette, K. S. 1941. *A History of the Expansion of Christianity*. Vol. IX, 3th edition. London: Eyre and Spottiswoode.

Marsden, G. M. 1980. *Fundamentalism and American Culture*. New York: Oxford University Press.

Martin, D. 1990. *Tongues of Fire: The Explosion of Protestantism in Latin America*. Oxford: Blackwell.

Mehl, R. 1970. *The Sociology of Protestantism*, J. H. Farley (trans.). London: SCM Press.

Miller, J. 1994. *The Social Control of Religious Zeal: A Study of Organizational Contradictions*. New Jersey: Rutgers University Press.

Moll, R. 2006a. "Prophecy and Politics." *Christianity Today*. March 2006b.
http://www.ctlibrary.com/ct/2006/march/17.32.html [2006. 11. 18 접속].

_____. 2006b. "Missions Incredible." *Christianity Today*. March.
http://www.christianitytoday.com/ct/article_print.html?id=38170 [2007. 9. 25 접속].

Neff, D. 2006. "Honoring Pioneers: The Early Missionaries Serve as Examples to Modern-day Ones." *Christianity Today*. September 25.
http://www.christianitytoday.com/ct/article_print.html?id=38170 [2007. 8. 31. 접속].

Paik, L. G. 1987. *The History of Protestant Missions in Korea 1832-1910*, fourth edition. Seoul: Yonsei University Press.

Pullman, S. 2007. "Costly Commitment." *Christianity Today*. September 25.
http://www.christianitytoday.com/ct/article_print.html?id=48652 [2007. 9. 25 접속].

Richie, T. 2007. "Is Pentecostalism Dispensationalist? An Honest Answer to a Hard Question."
http//www.christianzionism.org/Article/Richie T01.pdf [2007. 9. 1 접속].

Sandeen, E. 1970. *The Roots of Fundamentalism: British and American Millenarianism 1800-1930*. Chicago: University of Chicago Press.

Scholte, J. A. 2005. *Globalization: A Critical Introduction*, second edition. New York: Palgrave Macmillan.

Smith, P. 1986. "Anglo-American Religion and Hegemonic Change in the World System, c. 1870-1980." *British Journal of Sociology*, vol. 37, 88-105.

Spittler, R. P. 1988. "Implicit Values in Pentecostal Missions." *Missiology: An International Review*. vol. 16 no. 4, 1988, 409-424.

Suh, D. Kwnag-Sun. 1985. "American Missionaries and a Hundred Years of Korean Protestantism." *The International Review of Missions*. vol. 74 no. 293.

Tuveson, E. 1968. *Redeemer Nation: The Idea of America's Millennial Role*. Chicago: The University of Chicago Press.

Varg, P. 1954. "Motives in Protestant Missions, 1890-1917." *Church History*, vol. 23.

Veale, J. 2007. "Korean Missionaries Under Fire." *TIME.*. July 27.

Wagner, C. P. 1992. *Warfare Prayer: How to Seek Gods; Power and Protection in the Battle to Build His Kingdom*. Ventura: Regal Books.

Wagner, D. 2007. "Defining Christian Zionism." http://www.christianzionism.org/articles/Wagner02.html [2007. 6. 7 접속].

Walls, A. F. 1991. "World Christianity, the Missionary Movement and the Ugly American." In W. C. Roof (ed.), *World Order and Religion*. Albany: State University of New York Press.

Weber, T. P. 1979. *Living in the Shadow of the Second Coming*. New York: Oxford University Press.

# 제3장

파리테러 사건을 계기로 본
글로벌 사회의 종교갈등

출처: 파리 테러 사건을 계기로 본 글로벌 사회의 종교 갈등,"
「신학과 사회」 30-2 (2016), 83-110.

# Ⅰ. 서론: 탈냉전 시대의 '문명충돌'과 '신냉전'

지난 1980년대 말부터 1990년대 초까지 지구촌에서 일어난 동서독의 통일과 옛 소련의 몰락 등 세계사적 대격변의 결과 자본주의와 공산주의 진영 간의 오랜 냉전이 종식되었다. 그런데 국제사회가 평화로운 탈냉전 시대로 이제 막 접어들었던 1993년 당시 미국의 국제정치학자 새뮤얼 헌팅턴(Samuel Huntington)은 Foreign Affairs에 발표한 논문("The Clash of Civilizations?")을 통해서 앞으로 서양(기독교)과 일부 동질적 타자(예: 이슬람교) 사이에 '문명충돌'이 일어날 가능성이 한층 커질 것이라고 경고하였다.

또한 같은 해인 1993년에 미국의 종교사회학자 마크 윌겐스마이어(Mark Juergensmeyer)는 『신(新)냉전? 세속국가와 대립하는 종교적 민족주의』(The New Cold War? Religious Nationalism Confronts the Secular State)에서 탈냉전 이후 '세속주의'와 '종교적 민족주의' 간의 대립 속에 '신 냉전'이 출현할 수 있다고 주장하였다. 그는 민주주의와 인권에 대한 서구적 모델을 증진하는 서구 기독교국(Christendom)이 주창하는 '세속적 민족주의'와 '종교와 민족'이 결합한 비(非)서구의 종교 공동체들 간에 '새로운 냉전'이 출현하고 있다고 보았다. 이로부터 윌겐스마이어는 지구상의 많은 부분에서 기독교국(서구)의 보호(후원) 아래 이슬람교, 불교 및 다른 글로벌 문명들을 밀어내는 노력을 목도하게 된다고 주장하였다(Juergensmeyer 1993, 13).

월겐스마이어에 의하면, 오늘날 세속 국가의 도덕적 지도력은 지난 20세기 마지막 4반세기 동안 일어난 냉전의 종식과 글로벌 경제의 출현으로 인해서 크게 도전받게 되었다(Juergensmeyer 1993, 228). 냉전은 공산주의와 민주주의라는 두 개의 대립적인 도덕 정치 모델을 제공하였다. 그러나 냉전이 끝남에 따라 이제는 이것들이 글로벌 시장에 의해 대치되었다. 그리고 전 지구적 시장이 민족 국가의 주권을 약화시키는 것은 물론 정치적 이상(理想)도 현저히 결여되게 만들어서 공중의 불안감이 증폭되었다(Juergensmeyer 1993, 229). 이런 상황에서 최근 전 지구적으로 급증하고 있는 이데올로기적인 종교적 민족주의는 '이념과 신앙'이 결합된 것으로서 다음과 같은 일련의 과정으로 전개된다.

> (서구의 이념인) 세속적 민족주의에 대한 불만족 → 종교적 관점에서 정치를 인식하기 → 치명적인 적을 사탄의 세력으로 동일시하기 → 세계가 전 우주적 대립 속에 갇혀 있는 것으로 받아들이기 → 종교적 국가들이 건설한 평화로운 세계 질서의 도래(Juergensmeyer 2001, 76).

이데올로기적인 종교적 민족주의의 영역에서 정치를 '종교적'으로 인식하는 것은 사태가 잘못될 때 누가 혹은 어떤 종교적 세력이 잘못인지를 나름대로 식별하도록 인도한다(Juergensmeyer 2001, 76). 정치를 '종교적' 관점에서 보면 사회적, 정치적 문제들의 뿌리가 '종교적' 용어로 비추어지게 된다.[1] 정치를 종교적 관점으로 바라보는 사고에서 가장 극단적인 형태는 '사탄화'(santanization)이다(Juergensmeyer 1993, 22-23). 이로부터, 탈냉전 시대에 '문명충돌'의 가능성이 증가할 것으로 예상한 헌팅턴과 비슷하게, 윌겐스마이어 역시 앞으로 폭력적 방법을 사용하는 종교적 행동주의자들이 감소하지 않고 오히려 계속 출현할 것이라고 전망하였다.

> 세속적 민족주의의 도덕적 정당성이 보다 확실해질 때까지, 도덕적 질서에 대한 종교적 비전은 매력적인 해결책으로서 계속 출현할 것이다. 종교적 행동주의자들은 스스로를 정치적 구원의 우주적 드라마에서 전사(戰士)라고 여기면서 이 같은 해결책을 폭력적인 방법으로 계속 주입하려고 시도할 것이다(Juergensmeyer 1993, 22-23).

오늘의 탈냉전 시대에 헌팅턴의 '문명충돌론'과 윌겐스마이어의 '신냉전'에 대한 엄중한 경고를 염두에 두면서 세계화가 종교에 미치는 영향으로서 특히 (다음 장에서 논의할) '글로벌 근본주의'(global fundamentalism)에 주목할 경우, 지구촌에서 다양한 종교적 전통이 앞으로 대혼란(chaos)을 일으키거나(부정적 시나리오) 아니면 '공동체'(community)를 증진시킬 수 있다(긍정적 시나리오)는 인식에 이르게 된다(Robertson 1992, 169).

---

1   이런 점에서 9·11 테러 사건 이후 미국의 전 대통령 조지 W. 부시의 정치적 행위(근본주의적 정책)를 '정치의 종교화'로 설명한 것으로서 정태식(2015), 제4장을 볼 것.

## II. '근본주의'의 개념과 '글로벌 근본주의'의 확산

오늘날 '근본주의'(fundamentalism)는 일명 '원리주의'(原理主義) 라고도 불리는 다양하면서 복합적인 의미를 지닌 용어로서, 아직까지 매스미디어는 물론 학계에서조차 뚜렷한 정의에 이르지 못한 것이 사실이다. '근본주의'라는 용어는 본래 기독교에서 나온 것이 사실로서 크게 보아 다음과 같은 네 가지 의미를 갖고 있다(김성건 2015, 30-33).

첫째, 근본주의는 미국에서 20세기 전반에 가장 최고조에 달했던 기독교의 '신학적' 운동의 한 갈래를 지칭한다.

둘째, 근본주의는 모더니스트(근대주의자)의 신학적 가르침이 초래한 위협에 반대하여 신앙을 지키고자 했던 것으로서 '정치적' 근본주의를 지칭한다.

셋째, 역사적으로 1920년대에 출현한 근본주의자들은 당시 미국에서 일반대중에게 마음이 좁고, 그들 자신과 같지 않은 사람들에 대해 참지 못하며, 반(反)계몽주의적이며 당파적이고, 현대 세계에 대해서 적대적인 사람들로서. 현재는 시끄러운 목소리를 내지만 정치적으로는 위험한 존재는 아닌 결국 시간의 흐름에 따라 조만간 사라지게 될 사람으로 받아들여졌다. 그런데 이렇듯 대중이 부정적 고정형(stereotype)을 가졌던 근본주의자들의 정치적 힘에 대한 일반의 새로운 관심이 일어난 것은 1979년 이란에서 당시 팔레비 왕조(the Pahlavi)를 몰아낸 아야톨라 호메이니(Ayatollah Khomeini)가 주도한 이슬람 혁명의 성공이란 사건이 계기가 되었다. 당시 호메이니는 이슬람 혁명을 성공적으로 이끈 뒤에 곧이어 62명의 미국인을 14개월 동안이나 인질로 잡았다. 이 때 미국에서 근본주의자들의 세력에 관심을 가졌던 정치 분석가들은 미국의 '도덕적 다수'(the Moral Majority) 같은 정치적 우파 세력을 곧바로 이란에서 호메이니를 추종하는 사람들 및 중동에 있는 다른 급진적 무슬림들과 비교하기 시작했다. 이 같은 비교로부터 흥미롭게도 비 무슬림 세계에서 '이슬람 근본주의'라는 개념이 태동했다. 그 결과 이제는 지구상에 있는 정치적으로 능동적인 소수의 종교적 집단을 명명할 때 부정적 어의를 갖는 '근본주의자(fundamentalist)'라는 이름으로 부르게 되었다.

넷째, 이런 맥락에서 최근 '글로벌(지구적) 근본주의(global fundamentalism)라는 새로운 개념이 출현하게 되었는데, 이것이 근본주의의의 네 번째 구별되는 의미이다. 역사적으로, 이란 혁명의 여파 속에서 1980년대 초에 '글로벌 근본주의'가 언급되기 시작했고, 이 개념은 매스 미디어와 학자들에 의해 폭넓게 수용되었다(Robertson 1992, 169). 근본주의 개념의 전 지구적 적용은 미국 개신교 내의 근본주의에 관한 대중적 풍자에 내재하는 것과 동일한 '부정적' 전제의 상당 부분을 갖고 있다. 그래서 현재 근본주의는 이것이 미국에서 출현한 것이든 다른 문화와 신앙의 산물이든 간에 어떤 종교적 도그마(dogma) 혹은 지도자에 대한 맹목적 충성으로 규정되며, 현대 세계에 대한 열정적 거부로 특징지어진다. 또한 근본주의자들은 민주적 제도에 대하여 경멸적이라고 폭넓게 가정된다.

영국의 저명한 종교학자 카렌 암스트롱(Karen Armstrong)은 『신을 위한 싸움: 근본주의의 역사』(The Battle for God: A History of Fundamentalism, 2001)에서 근본주의는 9·11 테러사건에서 예시되었듯이 단순히 과거로 돌아가는 것이 아니라 현대 세계의 '정신적 위기'에 대한 반응이라고 보았다. 암스트롱에 따르면, 9·11 테러사건의 주요한 피의자인 오사마 빈 라덴(Osama bin Laden)은 9·11 테러사건은 세상이 두 개의 적대적인 진영 – 신을 위한 진영과 신에 대항하는 진영 – 으로 나뉘어 있음을 잘 드러냈다고 주장하였다(Armstrong 2001, viii). 이와 비슷하게 미국의 기독교 근본주의자 제리 팔웰(Jerry Falwell)과 팻 로버트슨(Pat Robertson) 등은 9·11 테러사건의 비극은 미국에서 그동안 세속적인본주의자들이 저지른 죄에 대한 하나님의 심판이라고 주장하였다. 그래서 9·11 테러 이후 매일 밤 부시는 집무실인 오발 오피스(Oval Office)에서 대통령의 영적 군대라 자처한 로버트슨이나 팔웰 같은 근본주의자들과 함께 기도회를 열었고 백악관에 성경 읽기 붐을 일으켰다(정태식 2015, 86).

암스트롱이 『신을 위한 싸움』의 후기(後記)에서 재차 강조하고 있듯이, 기독교에서 '시온주의'(Zionism)[2]로 예시된 근본주의나 전투적 경건성은 사라지지 않을 것이며, 오히려 현대의 삶의 일부가 될 것이라고 말할 수 있다. 따라서 근본주의자들을 일부 얼빠진 사람들이라고 치부하는 것은 잘못된 것이다. 역사가 보여주는 것은 근본주의자들을 억압하려는 시도는 단순히 그것을 '악화'시킬 뿐이다(Armstrong 2001, ix). 근본주의자들의 사고와 행위를 제대로 이해하게 위해서는 근본주의적 믿음(예: 기독교의 전(前)천년왕국적 섭리주의[3], 이슬람 국가(ISIS)의 와하비즘(Wa-

---

2  팔레스타인 지역에 유대인 국가를 건설하는 것이 목적인 민족주의 운동이다. 19세기말 시작되어 1948년 세계에서 유일한 현대 유대인 국가인 이스라엘을 건국하는 데 성공했다.
3  개신교 근본주의와 연결된 '기독교 시온주의'의 아버지라 일컬어지는 아일랜드 출신의 목사 존 다비(John N. Darby)의 전(前)천년왕국적 섭리주의의 예측에서 가장 중요한 것은 '이스라엘의 재건'인데, 이것이 인류 전체 역사 종말의 촉매제이다. 이로써, 기독교 시온주의는 '정치적 함축'을 갖는 신학적 입장이며, 신앙을 일종의 '정치적 이데올로기'로 변화시킨다. 9·11 테러사건이후 급부상한 한국판 기독교 시온주의에 관해서는 김성건(2008)을 참고할 것.

habism)[4] 등)에 대한 깊은 종교적 헌신이 갖는 광대한 함축을 제대로 평가하는 것이 긴요하다(Marsden 1980, 3).

사회학적으로 볼 때, 근본주의는 첫째, 근대화와 함께 발전된 '성'(聖)과 '속'(俗)의 급격한 분화(分化)에 대한 반박과 둘째, 이러한 제도적 양분화를 막으려는 계획이며 셋째, 그로부터 공공의 정책을 결정하는 데 종교를 예전처럼 중심 무대에 복귀시키려는 것이다(Hadden 1992, 1641). 과거에 중동에서 서구 식민지 세력은 평화와 안정을 유지하는 방편으로 근대 정규 교육을 받지 못한 전통적인 종교 엘리트들을 지원하였다. 그 결과 최근 세계화가 초래한 급속도의 분화의 과정에서 이 종교 엘리트들은 사실상 많은 것을 잃지는 않았다. 그래서 세계화가 촉발한 사회변동에 대해서 가장 강력하고도 저항한 반대는 전통적 종교 엘리트들보다는 평신도들(layperson)로부터 종종 출현하였다(Brekke 2012, 65). 1990년대 이래 '지하디스트 테러주의'(jihadist terrorism)가 출현한 것은 이슬람의 기존 권위 구조가 무너지게 된 맥락 속에서 분석될 수 있다(Brekke 2012, 75).

이로부터 초국가적인 사회종교적 네트워크인 알카에다(al Qaeda) 조직의 중요성은 그것의 호전성보다 종교적 권위의 전통적 구조를 파편화하는 데 기여한 측면이라고 말할 수 있다. 다시 말해서 이슬람 내에서 중앙집권적인 교회가 결여된 것과 권위가 계속해서 파편화된 것

---

**4**  이라크·레반트 이슬람국가를 뜻하는 ISIS는 수니파 이슬람교의 근본주의적인 과격한 와하비즘 독트린을 숭상한다. 수니파의 분파인 와하비즘의 총본산은 사우디아라비아이다. 와하비즘은 이슬람 사회가 타락하고 있으니 마호메트 시대로 되돌아가자면서 코란을 문자 그대로 해석하여 엄격한 율법을 강조한다. 아이러니하게도 지금 중동에 피를 불러오고 있는 와하비즘을 키워준 것은 영국과 미국을 비롯한 서구다. 특히 미국은 냉전 시절 중동의 사회주의의 확산을 막으려는 의도로 와하비즘을 오히려 지원했다. 당시 '악의 축'을 막으려던 노력은, 냉전이 끝나자 새로운 '악의 축'을 탄생시킨 셈이다. 「허핑턴포스트 한국」, 2014. 9. 3.

이 최근 수년 동안 무슬림의 호전성이 세계화된 원인들 중에 중요한 것이라고 볼 수 있다(Devji 2008, 175). 본래 사우디아라비아의 석유 재벌 출신으로서 알카에다의 카리스마적 지도자였던 오사마 빈 라덴은 미국에 의해 암살당했다. 그런데 빈 라덴의 평소 언어는 정치적이고 반(反)식민지적이었지만, 그의 투쟁은 '글로벌 불신앙'(global unbelief)에 반대하는 '종교적'인 것이었다(Autoun 2010, 54). 9·11 테러사건 바로 이후인 지난 2002년 10월 14일 인터넷에 게시된 빈 라덴의 '미국인들에게 보내는 공개서한'에서 그는 두 가지의 질문과 이것에 대한 답을 내놓았다. "왜 우리는 싸우고 있으며 당신들을 반대하고 있는가?", "우리는 당신들로부터 무엇을 얻고자 하는가?" 그중 뒤의 질문에 대해서 빈 라덴은 미국인들이 이슬람을 수용하고 무슬림에 대한 억압을 중단하고 (미국인)자신들의 도덕적 문란을 반성할 것을 요구하였다(Antoun 2010, 534).

한편 역사적으로 보아, 근본주의에 대한 진지한 비교 분석(예: Caplan(1987); Lawrence(1989))이 시작된 것은 1980년대이다. 당시 근본주의에 관한 비교 분석에서 선두 역할을 한 브루스 로렌스(Bruce Lawrence)는 근본주의가 근대화에 대한 '저항'의 표현이라는 종래의 상식적 인식을 비판하면서 근본주의는 오히려 근대성의 '산물'이라고 주장하였다. 그는 근본주의는 근대 이전에는 존재하지 않았다는 인식 하에 "근대성이 전 지구적이기 때문에, 따라서 근본주의도 그렇다"(Lawrence 1989, 3)라고 주장하였다.

이렇게 근본주의를 인식할 경우, 근본주의는 반근대주의적인 것이 아니다. 한 예로 근본주의자들은 전형적으로 세계화와 한축을 이루는 정보화의 산물인 인터넷과 사회관계망 서비스(SNS) 같은 현대의 테크놀로지의 사용에 대해 반대하지 않고 오히려 그것을 적극적으로 적용하려 한다. 이는 최근인 지난 2015년 11월 13일 파리테러 사건을 일으킨 주모자들의 배후에 있는 것으로 알려진 이슬람국가(ISIS 혹은 IS)가 최근 인터넷과 SNS를 통한 선전을 매개로 세계의 젊은이들을 설득하고 그들 중에서 추종자를 적극적으로 모아들이고 있는 데서도 잘 입증된다.

이상의 논의로부터 9·11 테러사건 이후 사회종교적 운동으로서 근본주의가 갖고 있는 힘에 대해서 무엇을 말할 수 있을까? 오늘날 근본주의는 주도적 세력은 아니지만, 최근 이슬람 국가의 준동이 말해주듯이 하나의 강력한 초국가적 운동인 것만은 틀림없다. 오늘의 글로벌 사회가 낳고 있는 변동과 불확실성이 예전보다 한층 급격하고 강렬하며, 근본주의가 반대하는 세속 국가가 세계의 대부분의 지역에서 여전히 강력하게 지배하고 있기 때문에 이슬람 근본주의는 여전히 강력한 세력으로 남아 있다(Antoun 2010, 536).

## III. 파리테러 사건에서 드러난 기독교와 이슬람교의 갈등

세계 최대 인터넷 검색 사이트 구글이 2015년 12월 17일 발표한 '올해의 검색어'에 따르면, 당시 전 세계 네티즌들이 구글에서 가장 많이 검색한 단어들 가운데서 1위는 '오돔'[5]이었고 이슬람교 극단주의자

---

5    미국 프로농구(NBA) 선수

들로부터 총격 테러를 당한 프랑스 주간지 '샤를리 에브도'(Charlie Hebdo)가 2위이며 '파리'(Paris)가 5위로 나타나서 검색어 5위 안에 테러와 관련된 검색어가 무려 두 개로 드러났다.[6] 이것은 이제 지구촌에서 반서구적/반이스라엘적인 '테러'가 '글로벌 사회문제'로 확실히 부상한 것(Findlay 2004, 82)을 증명한다고 볼 수 있다.

2015년 11월 13일 프랑스 파리에서 일어난 연쇄테러 사건은 최근 시사주간지 「타임」(TIME)이 "ISIS 세계대전"(ISIS World War, 2015. 12. 7.)이라는 특집으로 무려 14쪽 분량으로 취급할 정도로 지구촌의 이목을 집중시킨 불행한 대참사임이 분명하다. 그런데 이 특집은 "세계가 그동안 ISIS에 대해서 무엇을 해왔든지 간에 그 효력은 없었다"라는 다소 냉소적 제목 아래 테러 문제를 다방면에서 취급하였다. 이 기사는 먼저 최근 이집트의 상공을 날던 러시아 여객기가 공중 폭파된 것과 베이루트에서 25년 만에 매우 치명적인 자살 폭탄이 터진 사건 그리고 2015년 11월 13일 파리에서 일어난 제2차 세계대전 이후 최악의 대참사에서 무려 4백 명이 넘는 사망자와 그 이상의 부상자가 나타난 것 등을 거론하였다. 그러면서 이 모든 불행한 사건들 뒤에 지난 2014년 초에 비로소 자신들의 정체를 세계 앞에 드러낸 ISIS가 있었다는 사실을 강조하였다. 2013년 말 이라크에서 두 번째로 큰 도시로서 풍부한 원유가 있는 모술(Mosul)을 장악한 ISIS는 그로부터 약 5개월 뒤인 2014년 초 칼리프(caliphate)를 복원했다고 천명하였고 한동안 이들의 잔혹한 통치가 계속 증폭된 바 있다.

저명한 사회심리학자 엘리어트 애런슨(Elliot Aronson)은 미국 사회

---

6 「조선일보」, 2015. 12. 18.

심리학의 바이블로 칭송되는 『인간, 사회적 동물』(*Social Animal*)의 최신판(11판, 2012)에 새롭게 내용을 추가한 부분에서 9·11 테러 사건을 일으킨 무슬림 테러리스트들의 자살 행위를 '종교적 극단주의' 때문만으로 설명하는 것은 불충분하다고 보았다(애런슨 2014, 370). 이로부터 애런슨은 미국 내 뛰어난 저널리스트이며 중동 전문가인 토마스 프리드만(Thomas Friedman)(Friedman 2003, 334-35)이 9·11 테러를 '제3차 세계대전'으로 인식하면서 '인지적 부조화'에 입각하여 무슬림 테러리스트들의 동기를 부분적으로 잘 설명하였다고 보았다.

> 프리드만은 전체 중동국가 및 유럽에는 자긍심을 상실해서 고통 받는 이슬람교도 젊은이들이 수천 명 이상이 있다고 하였다. 이들은 이슬람 사원에서 어릴 때부터 자신들의 종교인 이슬람교야말로 지구상 3개의 유일신 종교 중에서 가장 완전하고 뛰어나다고 배웠다. 즉 이슬람교야말로 기독교나 유대교보다 더 우월하다고 배운 것이다. 그러나 이들은 점차 이슬람세계가 서구 기독교 국가나 유대 국가들과 비교하여 교육, 과학, 민주주의 그리고 발전 면에서 모두 뒤처져 있다는 사실을 알게 된다. 이상은 이들 젊은이에게 인지적 부조화를 가져오고 이 부조화는 이들의 분노를 점화시킨다는 것이다. 이슬람 젊은이들이 이 같은 부조화와 타협하는 방법으로 유럽인, 미국인, 이스라엘인 등이 무슬림으로부터 무엇인가를 훔쳤거나 아니면 이들이 무슬림의 발전을 의도적으로 방해하거나 아니면 무슬림을 이끄는 지도자들이 진정한 양심에서 벗어나 미국에 의해 조종을 받아서 비이슬람적 방식으로 행동한다는 것이다. 특히 이들은 미국이야말로 자신들의 종교적 세계를 파괴하거나 아니면 적어도 이들이 구축하고자 하는 세상을 파괴하는 치명적인

살인 무기 그 자체라고 본다. 그래서 미국은 서구 유럽보다 더 악랄한 악마이기 때문에 약화시켜야하고 또 가능하다면 파괴시켜야 할 대상이다. 그러면 자살이란 수단을 통해서라도 그렇게 해야 되는가? '그 방법이 어때서?'가 이들의 태도이다. 이처럼 미국이 이들 젊은이들의 살아가는 의미의 원천을 파괴한다면 여기에 대한 보복으로 파괴를 하지 않을 수 없다는 것이다(애런슨 2014, 371).

평소 ISIS의 협박에도 이른바 '표현의 자유'를 앞세우면서 이슬람교 예언자 무함마드에 대한 극단적 조롱을 담은 풍자 만평을 통해 아랍을 뒤집어 놓은 프랑스의 반(反)종교적인 좌익 주간지 〈샤를리 에브도〉의 편집장 스테판 샤르보니에와 만화가 5명, 경찰을 포함해 총 12명이 무차별 사살되는 사건이 2015년 1월 7일 파리에서 일어났다. 이 사건의 범인인 이슬람 극단주의자 쿠아시(Kouachi) 형제는 이후 프랑스 경찰을 통해 알카에다와 IS의 합작이라는 것이 밝혀졌다. 그런데 현장 목격자들의 증언에 따르면 이들은 '알라후 아크바루'(알라는 위대하시다)라는 문구를 외치면서 테러를 감행했다고 전해졌다. 그리고 〈샤를리 에브도〉 테러이후 약 10개월 뒤에 일어난 파리 연쇄테러 사건의 총책인 벨기에 출신 압델하미드 아바우드와 공범인 20대 젊은이들도 '알라후 아크바루'를 외치면서 자살 테러를 감행하였다고 언론에 알려졌다. 〈샤를리 에브도〉 테러와 파리 연쇄테러 사건의 주범들은 모두가 중동·아프리카계에 대한 인종차별이 심한 프랑스로 이민 온 수니파 무슬림들의 2세혹은 3세들이다. 그런데 유난히 프랑스에서 테러가 끊임없이 발생하는 것은 우선 서구사회가 시리아와 아프가니스탄 등지에서 벌이는 이슬람 극단주의자들과의 전쟁에 최근 프랑스가 적극적으로 동참한 데 대해서

극단주의 무장 세력의 보복일 수 있다는 관측이 나오고 있다.[7]

그런데 「타임」은 프랑스의 '동화'(assimilation)를 강조하는 식민화 정책이 잇단 테러 발생의 또 다른 중요한 요인이라고 분석하였다.[8] 이 기사에 따르면, 전통적으로 가톨릭이 다수 종교인 프랑스에는 특별한 '문화적' 민족주의가 존재한다. 평소 자국의 문화가 지구상에서 최고의 문화라는 것을 강조하는 프랑스 정부는 1989년 가을 파리의 한 교외 지역에 사는 세 명의 무슬림 중학생 소녀들이 단순히 머리 스카프를 착용했다는 이유로 이들을 입학식 당일 집으로 돌려보냈다. 이것이 이른 바 '머리 스카프 사건'(l'affaire du foulard)의 태동이다. 프랑스는 여성이 자신들의 머리를 감추는 것은 프랑스인이 되는 것과 상충된다고 결정 했디. 프랑스 헌법이 소중히 여기는 것이 바로 이른바 'laïcité'의 개념 곧, 프랑스의 세속주의(French secularism)이다. 이 프랑스의 세속주의는 역사가 오랜 것으로서 2015년 당시 정부는 1905년에 제정된 교회와 국가의 분리에 대한 법에 기초하여 국가정책의 결정에서 종교적 영향을 금지하였다. 그래서 머리 스카프 사건이 발생한 1989년 이래 계속해서 프랑스는 그것의 문화를 보호하는 쪽으로 나아갔고 그 결과 대부분의 경우에 무슬림 소녀들이 머리 스카프를 하고 등교하는 것을 금하고 있다.

프랑스에 있는 이민자들 중에서 서로 다른 세계관의 싸움, 곧 '문화 전쟁'(culture war)의 둘로 갈린 진영 중에서 '잘못된 진영'에 서게 된 사람들은 자신들이 설사 이민 2세 혹은 3세이더라도 성공적이지 못한 '동

---

**7**  「한국일보」, 2015. 11. 14.
**8**  TIME (2015. 12. 7), 27.

화'로 인해 프랑스 사회에 제대로 소속되지 못한다는 느낌을 갖게 된다. 「타임」의 기사는 자신들의 '뿌리'가 뽑혀졌다는 이 같은 느낌이 바로 쿠아시 형제로 하여금 〈샤를리 에브도〉의 피고용인들에게 치명적인 것으로 판명된 알카에다로 향하는 파괴적 행보를 가도록 이끌었을 것이라 추론하였다. 물론 작은 숫자의 무슬림 프랑스 시민들이 그들 자신의 무고한 시민들을 마구 학살한 '실제 전쟁'에 대해서 '문화전쟁'이 결코 변명이 될 수 없음은 분명하다.[9] 그러나 문화전쟁에는 아무도 승자가 될 수 없기 때문에 프랑스의 머리스카프 금지, 급진적 이맘(imams)의 추방, 아랍어가 아닌 프랑스어 사용 같은 무력에 의한 동화 정책은 문제를 해결하기는커녕 오히려 더 심화시킬 수 있다.

이제 최근 프랑스에서 잇달아 일어난 〈샤를리 에브도〉 테러 사건과 파리 연쇄테러 사건의 배경 원인에 관한 이상의 논의를 바탕으로 독일의 세속적 사회학자 위르겐 하버마스(Jürgen Habermas, 2008)마저 최근에 새롭게 주목한 '후기 세속사회'(post-secular society)의 가장 심각한 문제로서 '유럽 속의 이슬람'(Islam in Europe) 문제의 본질을 좀 더 고찰할 필요가 있다고 본다.

아래에서는 최근 잇달아 일어난 파리테러 사건 같은 대참사의 중요한 원인이 무엇보다도 '기독교와 이슬람교 간의 '문명충돌'이라고 보고, 이와 긴밀히 연관된 '유럽 속의 이슬람' 문제의 본질에 접근할 때 빼어놓을 수 없는 쟁점, 곧 '아브라함의 종교'(유대교, 기독교, 이슬람교)에서 '선

---

9   그런데 여기서 한 가지 주목이 필요한 부분은 알카에다와 IS 같은 무슬림 극단주의자들은 무고한 일반 시민을 대상으로 살해하는 그들의 테러가 정당화될 수 있다고 생각한다는 것이다. 구체적으로, 무슬림 테러리스트들은 자신들의 공격에 대해서 죄의식을 느끼는 바로 그 정부를 이들 일반 시민이 선출했기 때문이라고 보면서 일반 시민들을 향하여 무차별한 살해를 저지른다고 볼 수 있다(Herriot 2009, 30).

민'(選民)이 각기 어떤 의미를 갖고 있는 지를 살펴보고자 한다.

미국의 유대인 랍비로서 중세 이스라엘과 이슬람 연구자인 루벤 파이어스톤(Reuven Firestone)은 『누가 진짜 선민인가?: 유대교, 기독교, 이슬람교에서 선민의 의미』(Who Are the Real Chosenness in Judaism, Christianity and Islam, 2008)를 통해서 유일신앙인 아브라함 종교에서 '선택된 사람들'(선민, chosenness)이 무엇을 의미하는 지에 대해서 깊이 있게 논구하였다. '선민'(選民)은 유일신(God)과 배타적 관계를 갖는 이념이다. 다른 신앙공동체는 유일신과 이런 관계를 함께 가질 수가 없다. 따라서 '선민'이 되었다는 것은 특권적 소수에게만 주어지는 특별한 지위로서 승자와 패자의 위계를 만든다. 종교사의 관점에서 볼 때, 이스라엘 사람들의 종교가 생존하고 진화하여 기독교와 이슬람교의 모델이 되었다. 오늘날 아브라함의 종교인 유대교, 기독교, 이슬람교 세 종교는 모두 그들의 추종자들에게 일정 정도로 이 '선민' 이념을 설파하고 있다. 그러나 문제는 정의상으로 이 세 종교 모두가 '선민'이 될 수는 없다는 데 있다. 유대인들은 자신들이 선민인 것은 신이 아브라함과 맺은 '성약'(聖約, covenant)으로 정의된 토라(Torah)를 통해서 고대로까지 거슬러 갈 수 있다고 주장한다. 크리스천들은 유대인들이 메시아를 인정하는데 실패함으로써 '성약'을 깨뜨렸다고 주장한다. 그래서 유대교 다음에 출현한 예수의 추종자들로 이루어진 공동체는 자신들이 새로운 선민, 즉 '진짜 이스라엘'(true Israel)이라고 믿는다. 한편 코란은 덜 배타적이다. 비록 코란은 무슬림들이 '최고의 공동체'(best community)라고 주장하지만, 코란은 누구든지 믿는 사람들은 영원한 보상을 받게 된다고 말한다.

'선민'이라는 종교적 현상을 파헤친 이 책에서 파이어스톤은 신과의 거룩한 약속, 곧 '성약'의 이념과 또한 유대교, 기독교, 이슬람교 세 개의 유일신적 주요 종교의 경전을 통해서 '선민의 지위를 빼앗는 사상'(supersessionism)[10]이 어떻게 명확히 표현되었는지를 탐구하였다. 결국 그는 이 세 종교들 사이에 끊임없는 경쟁과 알력이 어떻게 그리고 왜 생겼으며 이것을 어떻게 극복할 수 있는 지를 논구하였다. 구체적으로, 이 책의 결론 부분에서 파이어스톤은 모든 종교는 특별한 것으로서 각 종교에는 유일신과 영원에 대한 지혜를 포함하여 모든 지혜에 대한 접근을 할 수 있다고 본다. 그러나 그는 어떤 종교도 우리 모두가 동의할 수 있는 지혜를 갖고 있지는 않으며 따라서 어떤 종교도 그것이 진리에 대해서 독점한다고 자신할 수 없다고 본다. "만일 유일신이 우리들 각자를 절대적으로 독특하게 창조했다면, 우리는 이것만으로도 모두 선민이 아닌가?"라는 것이 파이어스톤의 마지막 결론이다.

한편 앞에서 언급한 하버마스는 자신이 한동안 지지했던 세속화 이론이 최근 세계 종교사회학계에서 퇴조하게 된 것을 주목하면서 종교가 공적 영향과 적합성을 여전히 유지하고 있는 프랑스와 독일 같은 사례를 '세속사회'가 아닌 '후기 세속사회'(Habermas 2008)로 명명하였다. 이로부터 그는 가장 심각한 쟁점을 '유럽 속의 이슬람' 문제로 보면서 다음과 같이 질문하였다.

---

10  이 사상은 신학계에서는 '대체신학'(교체신학, replacement theology)으로도 불리는 것이다. 기독교회가 하나님의 이스라엘에 대한 계획, 곧 선민을 대체했다는 주장을 핵심으로 갖는다. 이 같은 대체신학과 달리 19세기 다비가 주장한 세대주의(dispensationalism) 혹은 전천년왕국설(premillennialism)은 기독교회와 이스라엘은 완전히 다른 것으로 구별되어야 한다고 주장한다. 세대주의의 핵심은 이스라엘 국가건국(1948년)은 신약 로마서 11장 25-26절에 나온 종말론의 정확한 성취가 이미 시작되었음을 보여주는 징조라고 보는 데 있다(김희권, 2015: 9). 이 입장은 현대 이스라엘 건국을 철저하게 신학적으로 해석하는 경향을 드러낸다.

우리는 후기 세속사회의 구성원으로서 자신들을 어떻게 바라보아야 할 것인가? 그리고 강고한 민족국가 내에서 문화와 종교적 세계관의 다양성이 증가함에도 불구하고 우리들의 사회적 관계가 정중하게 남을 수 있도록 하기 위해서 우리는 서로에게 무엇을 기대해야만 하는가?

이성에 대한 포스트모던 비판으로부터 문화적 상대주의가 도출되었다고 인식하는 하버마스는 현 유럽 같은 후기 세속사회에서 바람직한 유럽-이슬람 관계가 이룩되기 위해서는 종교간 존중과 대화를 주장한 앞의 파이어스톤의 입장과는 다소 다르게 '세속적' 멘탈리티와 '종교적' 멘탈리티 양자가 서로 보완적인 '학습' 과정이 긴요하다고 본다. 구체적으로, 하버마스는 여기서 특히 종교적(이슬람) 공동체들이 개혁된 신앙을 자신들의 '진짜 신앙'으로 인식할 수 있는 결정을 할 수 있는 지 여부가 중요하다고 보았다. 결국 멘탈리티의 변화는 국가나 법으로 강제되는 것이 아니라 '학습 과정'의 결과로서 나타날 때 최선이라는 것이다.

지구촌의 기독교와 이슬람교의 갈등에 주목한 본 장을 마무리하면서 필자는 9·11 테러 사건이후 이슬람 근본주의에 관한 연구들이 예전과는 다르게 전개된 사실에 새롭게 주목할 필요가 있다고 생각한다. 이미 영국의 종교사회학자 스티브 브루스(Steve Bruce)는 자신의 저서 『근본주의』(Fundamentalism)에서 "종교는 언제나 파괴적 세력이 되고 있다"(Bruce 2000, 1)라고 주장하면서도, 이슬람교를 모든 종교 중 가장 근본주의적인 종교로 간주하였다. 모든 종교 중에서 이슬람교가 가장 파괴적이라고 인식하는 브루스에 따르면, 종교가 근본주의 그 자체의 원인이어서 종교마다 근본주의가 서로 다를 수밖에 없다는 것이다.

그런데 이슬람 전문 인류학자인 가브리엘데 마란치(Gabriele Marranci)는 이슬람교와 무슬림에 대해 연구한 브루스 같은 서구 사회학자들이 이슬람 근본주의를 설명할 때 본질적 오류를 갖고 있다고 비판하였다(Marranci 2010, 376). 마란치에 의하면, 서구의 사회학자들이 무슬림은 이슬람교에 관한 자신들의 이해를 심각하게 받아들이기 때문에 근대성을 거부한다고 결론짓는 것은 피상적 관찰에 의한 논리의 지나친 비약이다. 필자는 이슬람교의 많은 신자가 그들의 기도와 축제의 행사 같은 실제적 측면을 뛰어넘는 신학적 지식을 갖고 있지 않다는 마란치의 주장에 대해 일단은 부분적으로 동의한다. 하지만 파리테러 사건이 얼마 지나지 않은 2015년 12월 2일 미국 캘리포니아주 샌버나디오(San Bernardino)에서 무고한 시민 14명을 학살한 젊은 무슬림 사예드 파룩 부부가 파키스탄과 사우디아라비아를 최근에 다녀온 후 급진적 테러주의자로 변신한 것은 앞에서 인용한 프리드만의 인지적 부조화에 입각한 설명 및 브루스의 이슬람 근본주의에 대한 주장의 설득력을 더해 준다고 생각한다. 샌버다니오 총기 살해 사건의 주범 부부 중 부인인 타시핀 마리크(Tashfeen Malik)의 교사와 친구들은 그녀가 본래 총명하고 책임감이 있는 학생이었는데 시간이 갈수록 점점 '종교적'이 되었다고 진술하였다. 그녀의 주변에 있는 친척들은 마리크를 '현대 여성'으로 기억했음에도 불구하고, 최근 들어 그녀는 자신의 얼굴을 베일로 덮었고 많은 파키스탄 이민자들과 달리 아랍어를 썼고 때로는 밤늦게까지 온라인상에서 아랍어로 대화하였다고 한다.[11]

---

11 *Los Angeles Times* (2015. 12. 6.).

브루스는 이슬람교는 문화와 삶에 대한 전체주의적 관점을 갖고 있기 때문에 무슬림이 자신의 신앙과 타협 없이는 '종교의 영역'과 '세상의 영역'이 분리될 수 없다고 본다(Bruce 2000, 40). 그가 강조하는 것은 오늘날 이슬람 근본주의자들은 이슬람교를 하나의 종교로서 교묘하게 다루는 정치적 기회주의자가 아니라는 점이다. 브루스에 의하면, 종교적 신앙을 사적인 영역으로 퇴거시키고자 하는 현대인들과는 달리 이슬람 근본주의자들은 현실과 타협하려고 하지 않는 일관된 신앙인들이다. 물론 이슬람교와 이슬람 근본주의 테러리스트는 엄연히 다른 것이다. 그럼에도 브루스에게 있어서 이슬람 급진주의는 이슬람교 그 자체만큼이나 오랜 것으로서, 독일의 사회학자 막스 베버(Max Weber)가 지적한 바와 같이 이슬람교 역사의 한 부분이다(Bruce 2000, 40-65). 이로써, 하버마스가 주목한 '유럽 속의 이슬람' 문제는 기독교와 이슬람교 간의 오랜 갈등이 그 본질로서 쌍방 간에 상호 존중을 전제로 이루어지는 보완적인 학습 과정을 통해 극복되리라 전망하는 것은 다소 순진하고 낭만적이라고 생각된다.


## IV. '한국 속의 이슬람'(Islam in Korea): 결론을 대신하여


이 글의 서론인 I장에서 필자는 지난 1993년에 거의 동시에 발표된 헌팅턴의 '문명충돌'과 윌겐스마이어의 '신냉전'이라는 두 개념에 특별히 주목하였다. 이미 탈냉전 시대에 막 접어들었던 당시에 헌팅턴은 앞으로 세계의 주요 문명들 가운데 특히 기독교 문명과 이슬람 문명 간의 충돌이 한층 격화될 것으로 전망하였다. 이 같은 헌팅턴의 미래 인식과 궤를 같이 하는 월겐스마이어는 한편으로는 서구 기독교 문명의 핵심적 이념인 인권과 민주주의 등을 강조하는 '세속적 민족주의'와 다른 한편으로는 이데올로기와 근본주의 신앙이 결합한 '종교적 민족주의'(특히 이슬람 급진주의) 간에 '새로운 냉전'이 이미 출현하고 있다고 보았다.

필자는 2015년 1월 초에 프랑스에서 일어난 〈샤를리 에브도〉 테러에 이은 같은 해 11월 13일 파리 연쇄테러 그리고 가장 최근인 지난 2015년 12월 2일 미국 샌버나디오 총기 테러 사건에서 자살 테러를 일으킨 주범들이 모두 무슬림 급진주의자들이라는 사실에 다시한번 주목한다. 이에 더해서 국내에서는 최근 한 인도네시아 출신 불법 체류자가 대구에서 평소 이슬람 근본주의 서적을 탐독하고 국내 산행 중 IS의 하부테러 조직인 '알 누스라 전선'의 깃발을 흔들면서 이 테러 조직을 지지하는 영상을 SNS상에 올린 사실이 드러나서 강제 추방되는 일이 벌어졌다.[12] 경찰에 따르면, 이 사람은 프랑스 파리 테러 직후 "40만 명의 시리아 민간인이 사망했는데도 무반응인 자들이 누구의 소행인지 드러나지도 않았는데 프랑스를 위해 기도하는 것은 지나치다"는 주장을 폈다 한다.

이미 2015년 1월 초를 기준으로 시리아 난민 200명이 한국에 들어와 있고 한국인 10명이 인터넷상에서 테러조직 IS를 공개 지지했음

---

12 「뉴데일리」, 2015. 11. 18.

에도 한국에는 아직 '관계법령'이 없어 이들의 신원을 파악하지 못했다는 소식들이 최근 언론에서 쏟아졌다. 또한 최근 국내에 이슬람 금융을 유치하기 위해 도입하려했던 수쿠크(채권)법이 국회 회기가 바뀌면서 사실상 사장됐다.[13] 스쿠크는 채권임에도 이슬람율법에 따라 이자 대신 특정 사업에 대한 배당금을 받는 형식으로 이득을 얻는다. 정부는 2009년 9월 29일 이자 소득에 면세 혜택을 주는 다른 외화표시채권과 형평을 맞추기 위해 스쿠크에도 세제 혜택을 주는 조세감면특례법 개정안을 국회에 제출하였다. 이에 대해서 당시 국내에 거주하고 있는 무슬림 인구[14]가 약 20만 명인 상황에서 이슬람교의 경제력이 커질 것을 우려한 한국기독교총연맹 등 보수적 기독교계와 일부 정치인들의 반대에 막혀 결국 무산됐다. 그런데 이 같은 움직임에 대해 미국 같은 기독교 국가는 물론이고 유대계 투자은행인 골드만 삭스마저 이슬람 자금 유치와 수쿠크 발행에 나설 만큼 세계 금융시장에서 이슬람 자본의 중요성이 커진 점을 감안할 때 이 문제는 정치적, 종교적 관점보다는 경제적 관점에서 우선적으로 접근하는 것이 필요하다는 여론도 존재하였다.[15]

이런 맥락에서 국내 한양대 문화인류학과 이희수 교수 등 중동 전문가들은 최근 파리테러 사건 등 IS의 준동으로 인해 국내 무슬림의 입지가 갈수록 위축되고 있다고 보면서 막연한 '이슬람 포비아'(Islamophobia, 이슬람공포증)는 주류(主流) 건강한 무슬림 공동체가 와해될 수

---

13 「헤럴드경제」, 2015. 1. 12.
14 법무부와 문화체육관광부에 따르면 한국의 무슬림 인구(2014년 기준)는 20만 명에 달할 것으로 추정된다. 한국인 무슬림 3만 5,000명과 장·단기 체류자 14만 3,500여명, 불법체류자 2만 여명 등이 국내에 거주한다. 한국을 찾는 관광객도 매년 60만 명이 넘는다. 「한국일보」, 2015. 11. 16.
15 「동아일보」, 2011. 2. 22.

있는 등 한국 사회의 다양성을 해칠 수 있다고 입을 모으고 있다.[16] 그런데 이 같은 입장에 대해서 1997년 소설 『내게 거짓말을 해봐』로 필화 사건을 겪은 바 있는 작가 장정일은 허핑턴포스트 한국 블로그[17]를 통해서 이슬람 비판과 공포증을 분간해야 한다는 주장을 펼쳤다. 여기서 장정일은 1989년 인도 출신의 영국인 작가 살만 루시디(Salman Rushdie)가 이슬람교를 비판하는 『악마의 시』(The Satanic Verses)라는 책을 출판한 것에 대해서 당시 이란의 최고 지도자인 호메이니가 루시디를 극도로 비난하며 급기야 사형 선고를 내린 사건을 다시 주목하였다. 장정일에 의하면 종교로서의 이슬람교와 정치 이데올로기로서의 이슬람주의를 구분해야 한다지만 사정은 간단치 않다. 이로부터 그는 다음과 같이 결론을 맺었다.

> 이슬람국가(IS)가 남미의 해방신학이 그랬던 것처럼 경제적 약자를 돌보는 종교 고유의 가치를 급진화하고 있다는 어떤 증거도 찾아볼 수 없다. 이슬람교와 이슬람주의가 얼마든지 친화적일 수 있다는 암울한 단서만 확인하게 되었다. 이런 예시는 이슬람주의를 계급갈등이나 제국주의로 환원하는 것 이상의 이슬람교에 대한 내재적 분석을 요청한다.

이제 이 글의 앞부분에서 이슬람 근본주의가 여타 종교의 근본주의들보다 뚜렷이 '급진적'이라고 판단한 브루스의 견해와 위의 작가 장정

---

**16** 「한국일보」, 2015. 11. 16.
**17** 「한국일보」, 2015. 5. 4.

일의 권고를 수용하여 이슬람교에 대한 '내재적' 분석을 약간 시도하는 것이 필요하다고 본다. 이만석 선교사(한국이란인교회 담임목사)는 최근 "이슬람에 대한 경계는 근거 없는 포비아인가?"[18]라는 시론을 통해서 평화의 종교를 자칭하는 이슬람교에 대해서 한국 정부와 개신교계가 경계할 필요성을 제기하였다. 급진적인 이슬람 근본주의자가 이슬람교 신도 중 15-20%라고 추정하는 이만석 목사는 이슬람에 대한 공포증인 '이슬람 포비아' 현상이 근거 없는 염려 때문이 아니라 다양한 자료와 역사적, 실제적 경험에 근거한 필연적인 현상이라는 것을 강조한 다음 특히 최근에 정부가 전북 익산에서 개발 중인 국가 식품 클로스터(cluster) 등 이슬람의 정결 음식인 할랄(Halal) 산업 육성 정책 등은 한국사회에서 무슬림이 게토화 우려 등 많은 문제점을 갖고 있다고 주장하였다.[19]

현재 국내 중동 전문가들은 대체로 '한국 속의 이슬람'에서 중요한 부분을 차지하는 파키스탄이나 방글라데시 출신 노동자들을 국제역학 문제에서 비롯된 테러리즘과 구분해서 보아야 한다는 입장을 보이고 있다. 물론 이들의 조심스런 견해처럼 한국은 최근 테러가 발생한 프랑스나 미국과 달리 중동 국가와 경제적으로 우호적인 관계인 것은 분명하다. 그렇지만 무슬림들이 경원하는 서구 국가 특히 미국의 경제적, 문화적, 군사적 영향 하에 생존하고 있는 대표적인 비서구국가가 바로 한국이며 또한 아시아에서 필리핀 다음으로 크리스천(특히 개신교 근본주의

---

**18** 「기독일보」, 2015. 8. 17.
**19** 이에 더해서 흥미롭게도 전라북도 익산에서 지난 12월 22일 발생한 3.9 규모의 지진이 할랄 식품 단지 조성에 대한 '하나님의 마지막 경고'라는 이야기가 돌았던 적이 있다. 인터넷에서는 할랄 단지를 반대하는 서명이 진행되었고 보수 개신교계와 시민단체 역시 반대의 목소리를 높였다 (「뉴스앤조이」, 2015. 12. 25).

자)이 많은 나라라는 점에서 '한국 속의 이슬람' 문제는 더 이상 중동 전문가들에게만 맡길 수 없는 중요한 쟁점으로 이제는 공론화되어야 한다고 생각한다.[20]

구체적으로 9·11 테러사건 이후 지난 2005년 이라크에서 한국인 선교사 김선일이 알카에다와 관련된 집단에 의해 교수형에 처해진 사건, 2007년 아프가니스탄의 분당샘물교회 인질 사건 등은 이슬람 근본주의와 한국 기독교 근본주의의 첨예한 갈등을 잘 보여준 것이다(김성건 2008). 이에 더해서 특히 2015년에 연속적으로 일어난 파리 연쇄테러 사건과 미국 샌버나디뇨 총격 사건 등에 수니파 이슬람 극단주의 단체인 이슬람 국가(IS)가 배후에 있다는 사실이 글로벌 사회에 알려지면서 미국의 보수적 개신교계와 특히 세계 기독교계에서 스스로 '제2의 유대인'을 자칭하는 한국의 보수적 개신교계를 중심으로 이른바 '이스라엘 신학'(Israel theology)[21]이 범세계적으로 한층 확산되고 있는 현상은 우려를 자아내게 한다. 성서의 내용을 문자 그대로 믿는 '성서적 문자주의'에 입각한 '이스라엘 신학'은 세대주의 신학(혹은 전천년왕국설)과 거의 같은 것으로서 현대 이스라엘 건국을 철저하게 신학적으로 해석하는 '기독교 시온주의' 경향을 드러내기 때문에 자연적으로 친(親)이스라엘적이다.

끝으로, 종교사회학자로서 필자는 차제에 이 같은 민감하면서도 취급하기가 쉽지 않은 종교 관련 문제를 다양한 관점 속에서 연구하고 논

---

**20** 이런 맥락에서 『주간경향』 942호(2011. 9. 7)은 9·11 테러사건이 발발한 후 10년이 지난 상황에서 한국사회에 일어난 변화에 주목하였다. 이 특집은 한국에서 이슬람에 대한 관심은 예전보다 높아졌으나 테러 방지책을 놓고서 갈등이 심화되고 있다고 보았다.

**21** 대표적 예로서, 김진섭(2015) 볼 것.

의하여 관련 정책에 반영할 각계 종교전문 인문사회과학자들로 구성된 실무 대책 기구를 정부 내에 설립하여 운용할 것을 제안한다.

# 참고문헌

김성건. 2008. "9.11 테러 사건 이후 급부상한 한국판 기독교 시온주의에 관한 고찰." 「현상과인식」 32(1/2), 38-58.

_____. 2015. 『글로벌 사회와 종교』. 서울: 서울대학교출판문화원.

김진섭. 2015. 「성경으로 읽는 유대인과 아랍인, 그리고 소위 '제2의 유대인'이라 불려지는 한국 그리스도인의 비전과 사명」. KPI(한반도평화연구원) 특별자료집(이스라엘과 팔레스타인의 평화).

김회권. 2015. 「대체신학(replacement theology)과 현실 이스라엘의 정치적-신학적 수사 분석」. KPI 특별자료집(이스라엘과 팔레스타인의 평화).

엘리어트 애런슨. 2014. 『인간, 사회적 동물』 제11판(2012). 박재호 옮김. 서울: 탐구당.

정태식. 2015. 『거룩한 제국: 아메리카·종교·국가주의』. 서울: 페이퍼로드.

Antoun, R. T. 2010. "Fundamentalism." In B. Turner (ed.) *The New Blackwell Companion of the Sociology of Religion*. West Sussex: Wiley-Blackwell.

Armstorng, K. 2001. *The Battle for God: A History of Fundamentalism*. New York: Ballantine Books.

Brekke, T. 2012. *Fundamentalism: Prophecy and Protest in an Age of Globalization*. New York: Cambridge University Press.

Bruce, S. 2000. *Fundamentalism*. Cambridge: Polity.

Caplan, L. (ed.) 1987. *Studies in Religious Fundamentalism*. Albany: State University of New York Press.

Devji, F. 2008. *Landscapes of the Jihad: Militancy, Morality, Modernity*. Ithaca: Cornell University Press.

Findlay, M. 2004. "Globalization of Crime: Terror in a Contracting Globe." In V. George and R. M. Page (eds.) *Global Social Problems*. Cambridge: Polity.

Firestone, R. 2008. *Who Are the Real Chosen People? The Meaning of Chosenness in Judaism, Christianity and Islam*. Woodstock, Vermont: Skylight Paths.

Friedman, T. 2003. *Longitudes and Attitudes: The World in the Age of Terrorism*. New York: Anchor Books.

Habermas, J. 2008. "Notes on Post-Secular Society." *New Perspectives Quarterly* 25-4, 17-29.

Hadden, J. K. 1992. "Religious Nationalism." In E. F. Borgatta and M. L. Borgatt (eds.) *Encyclopedia of Sociology* 3. New York: Macmillan Publishing Company.

Herriot, P. 2008. *Religious Fundamentalism: Global, Local and Personal.* New York: Routledge.

Huntington, S. 1993. "The Clash of Civilizations?" *Foreign Affairs* 72, 22-49.

Jurgensmeyer, M. 1993. *The New Cold War? Religious Nationalism Confronts the Secular State.* Berkeley: University of California Press.

_____. 2001. "The Global Rise of Religious Nationalism." In D. N. Hopkins et al. (eds.) *Religions/Globalizations: Theories and Cases.* Durham: Duke University Press.

Kurtz, L. R. 1995. *Gods in Global Village: The World's Religions in Sociological Perspectives*, first edition. London: Pine Forge Press.

Lawrence, B. B. 1989. *Defenders of God.* San Francisco: Harper and Row.

Marranci, G. 2010. "Sociology and Anthropology of Islam: A Critical Debate." In B. Turner (ed.) *The New Blackwell Companion to the Sociology of Religion.* West Sussex: Wiley-Blackwell.

Marsden, 1980. *Fundamentalism and American Culture.* New York: Oxford University Press.

Robertson, R. 1992. *Globalization: Social Theory and Global Culture.* London: Sage.

"이슬람에 대한 경계는 근거 없는 포비아인가?" 「기독일보」, 2015. 8. 17.

"국정원 테러경보 '주의'로 상향? "또 뒷북" 비판." 「뉴데일리」, 2015. 11. 18.

"익산 지진, 할랄 사업 막는 하나님의 마지막 경고?" 「뉴스앤조이」, 2015. 12. 25.

"수쿠크 채권 왜 논란인가." 「동아일보」, 2011. 2. 22.

"올해 구글 최다 검색어 '오뎀' … 무슨 일 있었길래?" 「조선일보」, 2015. 12. 18.

"9.11이후 한국사회 어떻게 달라졌나: 이슬람 관심 높아졌지만 테러 방지책 놓고 갈등 심화." 「주간경향」 942호, 2011. 9. 7.

"샤를리 에브도 테러 이어 … 왜 또 프랑스인가." 「한국일보」, 2015. 11. 14.

_____. "IS와 다르지만 … 불안 파고드는 '이슬람 포비아'" 2015. 11. 16.

"사우디 '와하비즘'을 모르면 IS를 이해할 수 없다." 「허핑턴 포스트 한국」, 2014. 9. 3.

_____. "이슬람 비판과 공포증 분간해야." 2015. 3. 24.

"스쿠크법, 사실상 사장돼." 「헤럴드경제」, 2015. 1. 12.

*Los Angeles Times.* "Tashfeen Malik was 'modern girl' who was began posting extremist messages on Facebook." December 6, 2015.

*TIME.* "World War ISIS." December 7, 2015.

# Religion
## &
## Politics

# 제2부

## 기독교와 이데올로기 문제

# 제4장

영국의 감리교와 노동계급
그리고 한국 개신교

출처: 영국의 감리교와 노동계급 그리고 한국 개신교,"
   「종교와 사회」 제3집 (2011), 71-98.

# I. 서론

필자는 1989년 영국에서 유학을 마치고 한국으로 돌아온 후 1991년 "종교와 이데올로기: 산업혁명기 감리교의 이데올로기적 영향을 중심으로"란 논문을 『현상과인식』에 발표하였다. 당시 이 논문의 머리말에서 이 논문을 토대로 하여 다음에 착수하고자 하는 주제는 "1960년대 이후 급속한 산업화 과정 속에서 폭발적 양적 성장을 이룩한 한국 기독교의 사회적 성격을 규명하는 과제"라고 밝힌 바 있다. 1997년 IMF 위기 이후 '양극화'(김문조, 2008)가 심화되고 있는 현 상황을 배경으로 종교사회학자로서 필자는 "종교와 자본주의 사이의 관계는 무엇인가?"라는 고전사회학자들의 주된 관심사의 연장선에서 "산업혁명기 영국의 감리교와 노동계급 그리고 한국 개신교"라는 주제로 다시금 새롭게 글을 쓰게 되었다.

위의 1991년 논문에서 필자는 세계 기독교사 속에서 특수한 위치를 차지하고 있다고 자부하는(?) 그 당시의 한국 기독교, 특히 보수적 개신교의 '이데올로기적' 성격을 밝히는 과제야말로 한국 사회에서 보수적 세력 또는 반동적 세력으로서 비판받고 있는 '기독교의 현 위치'[1]를 올바로 평가하기 위해서 무엇보다도 선행하여야 할 의미있는 작업이라고 생각하였다. 그로부터 필자는 그 논문에서 다음과 같은 네 가지 중심 주장을 펼쳤다. 첫째, 기독교는 다른 세계 종교들처럼 세속 이데올로기들과는 구별되는 그 자체로서 고유한 '종교적' 차원(영성)을 처음부터 뚜렷이 갖고 있었다. 둘째, 초기 기독교 운동의 이데올로기적 성격은 기본적으로 '보수적'이었다. 셋째, 역사적으로 보아 대체적으로 개신교와 자본주의 사이에는 친화성이 존재하지만, 기독교(개신교)와 노동계급(프롤레타리아) 사이에는 친화성이 존재하지 않는다. 넷째, 경건주의적 전통을 갖고 있는 보수적 개신교가 세속 정치에 대해서 갖는 중요한 문제는 그것의 정치적 역할의 모호성에 있다.

## II. 산업혁명기 영국 감리교의 성장 배경 및 원인

미국의 하트포드(Hartford)종교연구소가 출판한 『종교와 사회 백과사전』의 감리교(Methodism) 항목에 따르면, 감리교의 성공과 인기는 다음 두 가지 상호 강화 요인으로부터 나왔다고 보고 있다(Corn 1998). 첫째, 감리교도들은 그들이 예배의 중심에 놓았던 일련의 강력한 종교적 경험을 고양시키는 것을 배웠다. 둘째, 감리교도들은 이 같은 영적 체험으로부터 나온 종교적 열정을 단단하게 구조화된 조직 속으로 배출하

---

1    한국교회의 현실에 대한 필자의 최근 논의로서 졸저, 『한국교회의 현실과 쟁점』(서울: 프리칭아카데미, 2012)를 참고할 것.

는 것을 배웠다. 이 두 가지 요인의 결합이 당시 영국 국교(성공회)가 거의 무시하였던 집단 곧, 새롭게 성장하게 된 산업노동자들의 마음을 움직이는 데 특별히 잘 들어맞은 것으로 판명되었다.

역사적으로 보아, 영국 국교회의 사제였던 요한 웨슬리(John Wesley)는 그가 35세였던 1738년에 (사도 바울이 로마인들에게 쓴) 로마서(신약)를 탐독하던 중 '죽은 종교'가 아닌 '생생한(활기있는) 종교'(active religion)의 세계를 처음으로 체험한 뒤, 1739년 부흥회에서 설교를 시작함으로써 감리교가 최초로 출현하였다(Johnson 1976, 365). 웨슬리는 인간의 죄와 구원 문제를 놓고서 예정설(predestination)을 주창한 종교개혁자 장 칼뱅(John Calvin)과 논란을 벌인 네덜란드의 신학자 자코부스 아르메니우스(Jacobus Arminius)의 가르침(Arminianism)(McKim 1996, 18)을 따라 자유의지(freewill), 복음(gospel)에 대한 인간의 반응과 무한한 속죄(贖罪)를 강조하였다. 웨슬리의 기독교는 거의 전적으로 지적인 내용이 결여되었고, 대체적으로 윤리적이었고 감정적이었다. 그래서 웨슬리는 성서 이외에 신학적 체계에 대해서 읽을 필요가 없다고 보면서 올바른 믿음보다는 도덕적이고 윤리적인 행동을 한층 강조하였다. 그의 설교 방식 역시 성공회 사제들과 달랐다. 그는 신학적 논쟁을 유발하는 설교 대신에 지옥과 저주의 악마 그리고 구원의 혜택을 강조하여 청중의 가슴을 파고들었다. 간단히 말해서, 그의 설교는 '종교적 행위'를 요청하는 것이었고 당시 노동계급의 많은 사람들이 이것에 반응하였다.

처음에 웨슬리와 그의 추종자들은 영국 성공회 내부에서 사역을 하였으나, 성공회의 사제들은 점차 감리교도들이 교회의 설교단에 서는 것을 금지하였다(Bruce 1996, 115). 그래서 감리교도들은 야외나 공공 강당 및 가정집에서 설교하였는데, 이것이 당시 위계 서열화 되고 경직

된 성공회 측의 반감을 증폭시켰다. 이에 더해서, 감리교도들은 성직의 안수를 받지 않은 평신도들도 설교하도록 하였고 지도자의 자리에 앉도록 하였다. 한걸음 더 나아가서, 설교를 맡거나 지도층에 속한 평신도의 다수가 여성이었다. 그 결과 웨슬리와 그의 추종자들은 마침내 성공회에서 추방되어 독자적인 종파(sect)로 급속도로 발전되었다. 감리교도는 1767년에 23,000명이었고, 18세기가 끝날 무렵 거의 10만 명이 되었고, 1850년에 이르면 518,000명 그리고 1900년에는 77만 명가량이 되었다(Currie et al., 1977).

영국의 산업혁명기에 일어난 비국교(Nonconformity)로서 감리교의 이 같은 양적 성장을 이해하기 위해서는 당시의 일반적인 사회적, 정치적 상황을 우선 살펴볼 필요가 있다. 근대사를 연구하는 대부분의 역사학자들은 18세기 말에서 19세기 초에 서구 유럽은 혁명—낡은 봉건적 질서의 잔해로부터 새로운 근대 산업 민주주의로의 급격한 전환—을 할 준비가 되어 있었다는 데 인식을 같이 하고 있다. 프랑스의 경우 1789년에 대혁명이 있었고, 식민지 미국은 1776년에 영국으로부터 독립을 천명하였다, 그러나 당시 민주주의의 성장 과정에서 영국은 '감리교 부흥운동'(the Methodist Revival)으로 인해서 '짖지 않는 개'였다: "감리교 부흥운동은 새로운 민주주의 신앙의 영적 측면을 아르메니우스적 기독교와 통합시켜서 대중 속에서 복종과 종속을 위한 동기를 강화하고 이들의 에너지를 개인 구원의 추구에 쓰도록 동원하였다."(Semmel 1974, 102)

그런데 위에서 인용한 버나드 젬멜(Bernard Semmel)의 주장은 이미 1912년에 프랑스의 역사학자 엘리 알레비(Elie Halevy)(1937)가 주장한 것 곧, 이른바 '알레비 테제'(the Halevy thesis)를 다시 말한 것에 불과하다. 프랑스와는 달리 커다란 유혈혁명을 겪지 않은 영국 근대사에 주목하였던 알레비는 영국 산업혁명기에 종교(특히 감리교)는 노동계급의 혁명적 지도력을 다른 방향으로 돌리게 하였고, 이른바 '노동귀족'(aristocracy of labor) 속에서 개량주의 경향을 형성시켰다고 주장하였다. 18세기 말에서 19세기 초 영국은 도시화와 산업화로 인한 사회적 관계의 급진적 재구조화에 대한 준비가 되어 있었다. 그러나 혁명은 일어나지 않았다. 그 대신, 알레비에 따르면, 급진적 에너지는 종교적 부흥운동 속에서 쓰였다.

여기서 주목이 필요한 것은, 이 당시의 비국교도들(감리교)은 17세기 중반 영국의 시민전쟁이 초래한 비국교도들과는 중요한 측면에서 한 가지 차이가 있다는 사실이다. 곧, 종전의 사회윤리와 천년왕국신앙을 개인주의와 자선주의가 대체하였다(Bruce 1996, 116). 시민전쟁의 종파주의자들은 자신들이 말세(마지막 때)에 살고 있으며 기존 사회적, 종교적 질서를 혁파하는 자신들의 노력에 의해 지복천년(millennium)이 더 빨리 출현할 것이라고 굳게 믿었다. 그들은 공동체에 초점을 모았고 개인적 변화보다는 정치적 변화를 희구하였다. 반면에, 산업혁명기 감리교도들은 사회가 아닌 개인에게 구원을 제공하였다. 그리고 감리교도들은 개인의 마음을 바꾸는 것을 고취하는 측면에서 당시 지배적인 사회적 제도에 대해 비판하였다. 다시 말해서, 감리교도들은 산업화가 한창 진행되던 영국에서 드러난 사회문제가 개인들의 행동이 도덕적이고 윤리적으로 바뀌는 것과 그리고 자선을 실천하는 것에 의해 치료될 것이라 믿었다. 그래서 지방의 일부 치안판사들은 이 비국교도들을 억압하였지만, 다수의 치안 판사들은 감리교의 '긍정적'인 사회적 효과를 인정하면서 이 종교를 교묘하게 장려하였다.

새로운 종교로서 감리교의 인기와 감리교가 갖다 주는 사회적 효과 사이에 있을 법한 관계는 매우 복잡한 것이어서 좀 더 깊숙한 탐사가 필요한 부분이다. 필자는 영국에서 감리교가 사회의 안정에 기여한 측면에 초점을 모았던 알렉시스 토끄빌(Alexis de Tocqueville 1955) 및 '알레비의 테제'가 일정한 타당성과 설득력이 있다고 본다. 그렇지만 필자는 여기서 영국의 저명한 종교사회학자 스티브 브루스(Steve Bruce)가 "어떤 행위의 결과가 바로 그 행위의 원인은 될 수 없다"(Bruce 1996, 116)라고 주장한 것을 따라 아래에서 감리교의 성장 및 확산의 '실제적' 원인을 좀 더 체계적이고도 심층적으로 밝혀보고자 한다.

18세기와 19세기에 영국이 상대적으로 정치적 안정성을 보인 것에 대해서 그 사회학적 토대를 찾는 작업은 현재까지도 끊이지 않는 역사학적 성찰의 주제이다. 한 예로서, 베링턴 무어(Barrington Moore, Jr., 1966)는 이 안정성의 구조적 측면으로서 계급 협동과 영국 산업화의 독특한 점에 주목하였다. 그리고 브라이언 터너(Bryan S. Turner)와 마이클 힐(Michael Hill)은 영국에서 혁명적 상황이 존재하지 않았던 데는 몇 가지 중요한 사회적 요인—전통적 귀족과 부상하는 자본주의 계급 사이의 연합, 급진적 소농계급의 부재, 프롤레타리아의 의회정치에로 최소한의 통합 등—이 있었음을 강조하였다(Turner and Hill 1975, 159).

영국에서 일어난 감리교의 성장이라는 '문화적 변동'에 대해서 오늘날 종교사회학계에는 대체로 두 가지 대조적인 접근이 존재한다(Bruce 1996, 114). 이 두 가지 접근은 모두 새로운 종교문화(예: 감리교)가 수행한 사회적 기능을 밝히고 또한 이 새로운 종교 쪽으로 대중이 개종한 것을 설명하고 있다. 그렇지만, 이 개종의 과정에서 결국 혜택을 보는 집단이 누가 될 것이라 추측할 수 있는 지에 대해서는 두 접근이 서로 다른 집단을 거론한다. 첫째로, 허위의식(false-consciousness) 모델은 근본주의자, 복음주의자 및 성령운동가가 되는 인민(people)은 타 집단 곧, 자신들의 사회의 지배계급 또는 국제적 자본주의 아니면 이것 양자에 의해서 자신들의 이익에 반(反)하여 행동하도록 이끌림을 당한다고 가정(추측)한다. 둘째로, 개인적 적응(personal-adjustment)의 관점은 여타 집단이 어떤 새로운 종교(가령 기독교 성령운동, Pentecostalism)의 확산으로부터 어떤 이익을 추출하든 간에 이 종교문화의 성장에 대한 핵심적 설명은 인민의 개종은 그들 스스로 그것이 아무리 희미하더라도 자신들에게 유익하다고 인식하기 때문이라는 것을 가정해야 한다는 것이다.

감리교 성장의 심층적 원인을 밝히는 데 관심을 갖는 필자는 위의 두 대조적 관점 중 후자인 '개인적 적응의 관점'을 수용한다. 그로부터 어떤 종교로 개종하는 사람들은 자신의 개종에 대하여 반드시 어떤 좋은 이유를 가져야만 할 것이라는 가정아래, 영국에서 많은 사람들로 하여금 개종을 불러일으킨 감리교가 당시 사회적으로 어떤 '부수적'인 효과를 자아냈는지를 규명할 필요가 있다고 본다.

우선 생각할 수 있는 측면은 모든 '피억압자들의 종교'(religions of the oppressed, Lanternari 1963)처럼 감리교도들의 새로운 청교도신앙은 상층 계급에 대해서 피억압자들의 마음을 위로해 주는 비판을 제공하였다. 그리스도가 성서의 신약에서 말한 것처럼, "부자가 하나님의 나라에 들어가는 것보다 낙타가 바늘구멍에 들어가는 것이 더 쉽다"(마가복음 10장 25절)는 식의 감리교의 가르침은 이 세상에서 가진 것이 아무 것도 없는 사람들에게 크게 위로를 주어 현재의 곤궁이 미덕으로 바뀌게 하였다. 술을 마시지 못하거나, 기름진 음식을 먹지 못하고, 값진 의 복을 입지 못하거나 도박을 하지 못하는 것 등은 감리교 신앙을 갖게 되기 이전에는 실패로 여겨졌으나 신앙을 갖고 나서 이 모두는 죄로서 구원에 방해물로 인식되었다.

그렇다고 해서, 감리교가 단순히 사회적 부정의를 수동적으로 수용하라고만 한 것은 아니다(Bruce 1996, 118). 이에 더해 감리교는 정의롭지 못한 이 세상에서 빠져나오는 길을 제공하였다. 감리교 신앙을 통해 새롭게 거듭난 사람들은 음주, 흡연, 도박, 외도 등을 중단하였고 한층 나은 노동자가 되었다. 그래서 금욕적인 이들은 주변의 사람들로부터 한층 신뢰받는 사람으로서 소득도 증가하게 되었다.

게다가 평신도가 이끌고 조직한 감리교는 성공회와는 달리 민주적 구조로 인해서 일반 인민이 자신들의 삶을 책임지도록 만들었고, 그들에게 자신의 운명에 대해 스스로가 영향을 줄 수 있다는 의식을 제공하였다. 또한 감리교는 일반인들에게 지도력의 자리를 갖는 것과 조직적 기술을 체득하는 기회를 제공하였다. 감리교는 문자해독과 공중 앞에서 말하기를 장려하였다. 마지막으로, 감리교가 비록 공동체보다는 개인에게 구원과 자기 개선을 제공하였고 사회변동이 개인적 개혁을 통해 이루어지도록 했다는 측면에서 전적으로 개인주의적이었지만, 감리교는 개종자들에게 강력한 연대를 제공해서 당시 새롭게 대두된 도시 대중사회의 소외와 아노미에 대한 해결을 갖다 주었다(Bruce 1996, 119).

간단히 말해서, 감리교도가 된 사람들은 무엇보다도 그들이 웨슬리와 그의 추종자들이 '옳다고 믿었기 때문이라는 점을 인식하는 것이 중요하다고 본다. 즉, 그들의 개종은 진심에서 우러난(거짓이 없는) 것이었다. 당시 감리교의 다양하고도 유익한 사회적 결과는 공개적으로 인식

될 수 있었다. 그래서 잠재적 개종자들은 거듭난 기독교인들이 자신들보다 옷을 잘 입었고, 더 깨끗한 집을 갖고 있고, 더 깨끗한 자녀들이 있으며, 한층 더 자신감에 차있다는 것을 지각할 수 있었다. 그러나 어떤 잠재적 개종자가 감리교도가 된 것은 그 사람이 이런 것들을 원해서라기보다는(물론 그런 측면이 전혀 없다고 부인할 수는 없겠지만), 이런 것들이 바로 감리교가 '옳은 것'이라는 것에 대한 '증거'로 바라보았기 때문이다.

이로써 요약하면, 감리교가 성공적이었던 이유는 그것의 이데올로기가 당시 산업화 시대에 적합한 일련의 '제2차적 덕목'(MacIntyre 1967, 24)—문제에 대한 실용적 접근, 협동, 공명정대한 행동 및 태도, 관용, 타협의 재능, 공정성 등—을 갖고 있었기 때문이라고 말할 수 있다. 곧, 감리교는 산업 민주주의에 적절한 성격 곧, 자기 통제적이고, 자율적이며 근면하며 금욕적인 사람들을 만들어 냈다(Bruce 1996, 119). 19세기 중반 무렵 영국에서 계급갈등이 상당할 정도로 증가했지만 이 계급갈등은 계급들 사이에 전면적인 정신적(도덕적) 분리를 갖다 주지는 않았다. 이것은 왜냐하면 계급협동을 만들어 주었던 일종의 '제2차적 덕목' 다른 말로, 절차상의 규범에 대하여 상당한 동의가 남아있었기 때문이다. 이 같은 주장을 오늘날 영국의 사회학자 케네스 톰슨(Kenneth Thompson)(Thompson 1986, 78) 등 일부 학자들은 '종교와 이데올로기의 관계'에 대한 많은 주장들 중 가장 확증이 될 수 있는 것으로 평가하고 있다. 그럼에도 이렇듯 '개인적 적응'이란 측면에서 개종을 설명하는 관점은 자칫하면 사람들이 어떤 새로운 종교에 매력을 느끼는 것은 그것이 주로 '물질적' 이익을 갖다 주기 때문이라는 식으로 비춰질 수도 있어 문제가 되기도 한다.

한편 감리교의 성장의 원인에 대하여 '허위의식 모델'에 입각하여 설명할 경우, 감리교로 개종한 사람들은 '허위의식'으로부터 고통을 받았고 그들의 실제적 이익에 대해서는 눈이 멀었다고 주장할 수도 있다. 칼 맑스(Karl Marx)를 따라 종교를 '인민의 아편'으로 간주하여 감리교가 억압받고 착취당하는 신자들에게 정서적 카타르시스만을 제공한다고 보는 이런 식의 주장에도 약간은 옳은 부분이 있다고 생각한다. 하지만, 인민이 어떤 종교에 매력을 느끼는 것을 놓고서 이 종교가 자신이 아닌 다른 누군가의 물질적 이익에 봉사하기 때문이라고 인식하는 '허위의식의 모델'로서는 감리교의 성장과 확산을 설명하는 데는 여전히 문제가 있다고 말할 수 있다. 그리고 이 허위의식 모델이 갖는 한계점은 감리교가 외국의 선교사와 자본 등에 의존하는 것이 아니라 처음부터 뚜렷이 평신도에 의한 자발적인 내생적 운동이었다는 측면을 간과하고 있다는 점이다.

간단히 말해서, 영국의 산업혁명기에 감리교가 성공적으로 확산된 데는 여러 가지 이유가 있겠지만, 초기 기독교 공동체의 성장 사례와도 비슷하게 기본적으로 (이 장의 서두에서 초점을 모은) 두 요인 곧, '영적'(종교적) 요인과 '조직적'(사회학적) 요인 양자의 '결합'이 중요하다고 볼 수 있을 것이다. 그런데 필자는 감리교의 출현의 일반적 배경으로서 무엇보다도 당시의 급격한 사회변동의 결과 국교(성공회)로 대표되는 낡은 문화가 사실상 쓸모없는 것이 됨으로써 초래된 '종교적' 진공상태를 중시할 필요가 있다고 본다. 이 같은 영적 혼란 상태로부터 국교의 중심세력이었던 지배층보다는 평범한 인민 가운데 새로운 '욕구'가 분출되었는데, 이를 특히 노동계급과 여성에게 친화적이었던 감리교가 여타 종교보다 한층 잘 드러내고 반영할 수 있었다고 말할 수 있다.

# III. 감리교와 노동운동의 관계

이제 필자는 감리교의 정치적, 이데올로기적 효과를 밝히는 작업을 하기 위한 논의의 출발점으로서 영국의 맑스주의 역사학자 에릭 홉스봄(Eric J.Hobsbawm)이 '종교와 이데올로기'에 관한 독창적이고도 흥미를 자극시키는 글 속에서 부흥운동(revivalism)과 종파(sect)의 사회적 성격에 대해서 아래와 같이 말한 것에 주목하고자 한다.

> 다른 어떤 것보다도 '부흥운동'은 종파들을 확장시켰다. 이런 이유 때문에 어떻든 영국에서 프로테스탄트 비국교도의 부흥과 확장을 위한 영향을 제공했던 것은 요한 웨슬리(1703-1791)와 그의 감리교도들이 보여준 대단히 감정적이며, 불합리한 개인구원론이었다. 이런 이유로 인해서 이 새로운 종파들의 경향은 기본적으로 비정치적 또는 심지어 (웨슬리파들처럼) 강하게 보수적이었다. 그리하여 그들은 사악한 바깥 세계로부터 외면하여 개인구원 또는 자족적인 집단의 생활로 관심을 바꾸게 되었다, 그런데 이것은 종종 그들에게 그들이 세속적 제도를 집합적으로 바꾸는 것의 가능성을 부인하는 것을 의미하였다. 그들의 '정치적' 에너지는 일반적으로 외국에 대한 선교, 노예제도 반대, 절제 운동 같은 도덕적이고 종교적인 캠페인 속으로 투입되었다. … 새로운 종파로서 감리교 유형은 반(反)혁명적이었다. 우리의 시대에 영국이 혁명으로부터 면제된 것은 감리교의 증대된 영향에 -잘못하여- 돌려지게 되었다(Hobsbawm 1962, 277).

위의 홉스봄이 잘 지적했듯이, 영국에서 성령부흥운동의 기원은 감리교였다. 그런데 주지하듯이 감리교의 창시자 요한 웨슬리는 처음에는 당국으로부터 적(敵)의 두목으로 생각되었다. 자신이 신으로부터 '현대적 바울'의 역할을 떠맡게 되었다고 믿은 웨슬리는 영국 국교의 인습적인 교구제도를 깨뜨렸고, 그가 청중을 찾았던 곳은 어디든지 그곳에서 설교하였다. 그 결과 웨슬리는 그를 거부한 사람들이 있었음에도 불구하고 특히 하층민들 속에서 새로운 대안적 교회를 창조하였다. 하지만 감리교운동에 대한 상층계급의 적대감과 하층계급의 이 운동에 대한 편견의 결합은, 수많은 초기 기독교 집단에 대해서도 그랬던 것처럼, 감리교운동 내부에서 인습적이고 보수적인 세력을 강화하는 효과를 갖다 주었다(Johnson 1978, 166-67). 여기서 주목할 것은 이 보수적 성향을 웨슬리 자신이 본래부터 갖고 있었다는 점이다.

그리하여 웨슬리는 감리교인들이 지복천년설(천년왕국설, millennialism)(McKim 1996, 174)—이 세상이 종말을 맞게 될 때 그리스도가 천년 동안 세상을 지배할 것이라는 관점—에 빠져들어 가려는 경향을 억누르는데 자신의 종교운동에 관한 대중적 반응을 이용하였다(Johnson 1978, 167-68). 그래서 그의 설교가 사회의 기존 질서를 수용하였던 것은 물론 그는 또한 개종자들로 하여금 폭력을 조장하는 경제적/정치적 불만을 방지하는데 노력할 것을 강요하였다. 웨슬리의 인기는 특히 노동계급의 상층부—숙련기능공과 (수습기간을 마친) 제 구실을 하는 직공—와 소규모 상인 및 가게 주인 등 모두 자신의 지위를 개선하는데 열심이었던 사람들이었다(Gilbert 1976, 63, 67). 이들은 사회적 사다리 또는 상업적 사다리를 조금씩 올라가서 사회적 지위와 알맞은 풍요를 성취하고자 노력하였다. 이런 집단은 프롤레탈리아들 가운데서 나타나는 어떤 혁명적 요소로부터도 쉽게 떨어질 수 있었고, 이런 급진적 요소를 거세하는데 익숙했다. 결국, 이로써 감리교는 노동자보다는 기술공에게 인기가 더 있었다고 볼 수 있다.

한편 감리교가 신(神) 앞에서 모든 인간이 평등하다는 가치와 교회 내에서 성도들의 공동체를 원래부터 강조한 것은 주지의 사실이다. 이것은 노동계급의 민주적, 평등주의적, 공동체적 가치와 일면 조화되었지만, 부르주아 가치의 대변자인 감리교의 성직자와 주도적 평신도들이 불평등, 중앙집권, 기존의 사회질서에 대한 지지를 신장시킴에 따라서 이후 내부적으로 분열을 갖다 주었다(Thompson 1986, 77). 곧, 18세기가 진행되면서 감리교는 점점 사회의 기존 질서와 그 자체를 동일시하게 되었디(Johnson 1978, 368). 특히 간리교가 영구 국교로부터 떨어져 나온 뒤 그 자체가 부흥운동으로부터 통상화된 중앙집권적 종파로 점차 변모하게 됨에 따라 감리교 운동 속에서 한층 투쟁적인 부분은 떨어져 나가게 되었다. 곧, 1807년 감리교 총회가 부흥운동을 위한 캠프 (천막) 모임을 반대했을 때 한 집단이 탈퇴하여 만든 것이 이른바 '감리교 수구파'(the Primitive Methodist)였다. 이 '감리교 수구파'는 주류 웨슬리파와는 대조적으로 노동자계급의 한층 가난한 층 속에서 인기를 모았고 감정적인 무아경의 부흥운동을 제도화시켰다.

이런 맥락에서 주목할 점은 이 감리교 수구파가 대표한 '노동계급의 복음주의'가 드러낸 중요한 속성이 바로 '초자연주의'였다는 사실이다(Pate 1995, 3). 그래서 이들은 기적을 만드는 사람으로서 예수, 유령 (ghosts)에 대항하는 강력한 동맹, 악마(귀신,demons)의 편재 등을 믿었는데, 이 같은 관념은 주술과 신령(spirits)에 대한 전통적 민간 신앙과 비슷한 것이었다. 간단히 말해서, 감리교 수구파들은 당시 타인들은 단지 미신일 뿐이라고 치부하였던 초자연적 현상의 존재를 강하게 확신하였고, 그 결과 신이 일상생활에 간섭한다고 믿었다.

한편, 우리는 전체적으로 보아 당시에 감리교로 대표되었던 개신교권의 종교적 부흥운동의 영향에는 일정한 한계가 있었음을 주목하게 된다. 왜냐하면 프로테스탄트 기독교의 힘은 그것에 형태를 갖다 준 사회정치적 조건에 의해서 그 경계가 이미 정해졌기 때문이다. 1850년 이전에 신앙 부흥운동 속의 주요 요소가 보여준 '정치적 보수주의' 때문에 부흥운동은 그것이 형성된 중요한 시점에서부터 상당 부분의 노동자계급의 지도력을 잃어버렸다(Gilley 1988, 23). 보수적인 웨슬리의 영향 아래, 감리교도들은 세속적 정치, 특히 '힘의 정치'의 쟁점을 '도덕적'(윤리적) 용어로 정의하려는 태도 곧, 이른바 '복음적 경건주의'(evangelical pietism)를 견지하였다(Turner and Hill 1975, 162-63). 그 결과 복음적 경건주의는 세상 속에 있는 사회구조가 아닌 '개인들'을 개심(改心)시킴으로써 이 세상을 변화시키려고 노력하였다. 또한 복음적 경건주의는 정치적 삶을 정화시키려는 목적을 갖는 '도덕적' 캠페인을 대대로 지지하는 반면 '종교와 정치'를 구분하였다(Turner and Hill 1975, 163). 이렇듯, 초기 산업주의가 초래한 온갖 인간적, 사회적 불행에 대해서 단지 착한 일과 개인구원의 교리만을 가르쳤던 감리교의 도덕적 모호성은 종교가 산업자본주의에 반(反)하여 동원되어서는 안 된다는 것을 의미하였고, 이 같은 부정적 의미에서 감리교는 당시 제조업자들의 자리를 부가적으로 지지해 주었다(Turner and Hill 1975, 163).

따라서 여기서 확인할 수 있는 것은 감리교와 산업자본주의 사이의 친화성이다. 막스 베버(Max Weber, 1976)와 리차드 토니(Richard H. Tawney, 1964)가 이미 적절히 지적하였듯이, 개신교의 개혁유산은 개인

구원에 대한 믿음을 통해서 '개인주의'를 증진시켰고, 이로써 프로테스탄트 신앙과 공리주의적 믿음은 서로 나란히 발전하였다(Abercrombie et al. 1980, 100).

한편, 많은 역사학자들은 1850년 전후 몇 년을 영국 노동계급의 종교사에서 전환점이라고 본다(McLeod 1984, 35). 따라서 감리교의 정치적 효과(역할)를 제대로 밝히기 위해서는 무엇보다도 산업혁명기 감리교와 노동계급의 관계를 따져보는 일이 중요할 것으로 판단된다. 19세기와 20세기 초의 영국 종교사에서 가장 논쟁을 불러일으키고 있는 감리교와 노동운동 사이의 관계에 대해서는 크게 보아 두 가지 대조적인 역사학적 해석이 존재한다고 말할 수 있다(McLeod 1984, 30-35). 곧, 한 역사학적 해석의 전통은 1790년대에서 1840년대까지의 기간 중 여러 형태의 기독교 세력, 특히 감리교의 힘이 노동계급이 급진주의를 발전시키는 데 중요한 '방해'가 되었다고 본다. 이와는 대조적으로, 다른 역사학자들은 노동자계급의 정치적 의식과 조직에 대한 '감리교의 공헌'을 강조하고 있다. 거꾸로 말하면, 1880년대와 1890년대에 현대적 노동운동이 시작되었고 동시에 그 당시에 감리교회의 신자가 감소하기 시작한 사실을 중시하는 역사학자들은 노동운동이 감리교회의 쇠퇴를 촉진시켰다고 주장한다. 반면에 다른 역사학자들은 1880년대부터 1920년대까지의 시기에 나타났던 영국적 사회주의의 많은 부분이 기독교적 성격을 보인 것을 강조하고 있다.

노동계급 속에서 신앙부흥운동과 급진주의 양자가 폭넓은 지지를 얻었던 1790년대부터 1840년대까지의 시기 중 감리교의 '반동적' 역할을 강조하는 학자들 중 가장 영향력이 있고 많은 논쟁을 야기한 학자는 유명한 『영국 노동계급의 형성』(1963)을 쓴 에드워드 톰슨(Edward P.

Thompson)이다. 감리교의 믿음과 가치를 상당히 싫어하면서 감리교의 사회 통제적 기능을 주목한 톰슨에 따르면, 감리교는 19세기 초에 이미 '산업 부르주아의 종교'로서 역할을 하는 데 상당히 성공하였을 뿐 아니라 또한 동시에 '프롤레타리아의 종교'로서도 성공하였다(Thompson 1963, 391). 톰슨은 감리교의 노동자들이 노동-계율의 억압적 착취의 형태에 왜 그렇게 자진해서 복종하였는지에 대해서 그 이유를 이해하는 것이 쉽지 않다고 말한다. "도대체 어떻게 해서 감리교는 착취자의 종교로서 그리고 동시에 피착취자의 종교로서 이 같은 이중적 역할을 그토록 성공적으로 해낼 수가 있었는가?"(Thompson 1963, 411-12)

감리교와 부흥운동이 담당하였던 이데올로기적 기능에 대한 톰슨의 설명에 대해 역사학자 알랜 길버트(Alan D. Gilbert, 1976)는 찬성하지 않는다. 길버트는 톰슨은 노동 계율을 갖다 주는 감리교의 억압적 유용성을 지나치게 강조함으로써 감리교의 보다 매력적인 이면의 효과—예를 들면, 자기 개선 및 경제적 노력을 정당화해주는 것—를 배제하였다고 주장한다. 또한, 길버트는 톰슨이 강조한 측면 곧, 패배하고 낙심한 사람들에게 위안을 제공하는 것은 감리교의 이데올로기적 효과 전체 중 '일부' 기능에 지나지 않았음에도 불구하고 본래부터 감리교에 대해서 부정적 관념을 갖고 있는 톰슨은 이런 위안이 감리교가 줄 수 있었던 최선의 것이라는 신념을 갖고서 『영국 노동계급의 형성』을 저술하였다고 비판한다. 길버트는 감리교 및 다른 대중적 부흥운동을 독립심을 가진 정치적으로 적극적인 노동계급을 만들어 내는데 도움을 주었던 세력으로서 그리고 온건한 개혁을 지향하지만 폭력 또는 불법에 대해서는 억제적 영향을 미쳤던 세력으로 평가한다. 결국 감리교 예배당 공동체의 '긍정적' 기능을 강조하는 길버트가 주목하는 것은 감리교가 가장 폭넓은 인기를 얻었던 것은 자신들의 사회경제적 위치가 개선되고 있었던 집단들이었다는 점이다. 이로부터 길버트는 감리교는 노동계급의 '절망'(despair)보다는 오히려 그들의 '열망'(aspirations)을 반영하였다고 결론 맺고 있다(Gilbert 1978-79, 68). 이는 감리교를 실망한 현세적 소망—정치적 기대를 포함하는—에 대해서 내세의 삶을 강조함으로써 보상을 제공한 일종의 '절망의 천년왕국설'(the chiliasm of despair)이라고 보아, 주로 감리교의 '부정적'인 정치적 효과를 강조한 톰슨과는 뚜렷이 대조된다.

감리교에 대한 톰슨과 길버트의 양 연구는 각기 전국적 수준 위에서 대중 종교와 정치 사이의 관계에 대한 일관된 상(像)을 제시하기 위하여 폭넓은 범위의 증거를 종합한 뛰어난 시도로서 간주되어야만 할 것이다(McLeod 1984, 50). 그러나 길버트의 경우 그가 감리교도들을 온건하면서도 평화적 개량을 추구하였던 세력으로서 제시한 것은 19세기 전반보다는 후반에 보다 잘 적용될 수 있다고 보는 것이 타당할 것이다(McLeod 1984, 51). 한편, 톰슨의 경우 주류 웨슬리파 지도자들이 가졌던 목표와 방법에 대한 그의 설명은 설득력이 있지만, 톰슨은 그 지도자들의 노력이 성공한 것에 대하여는 거의 아무런 증거도 제시하지 않고 있다(McLeod 1984, 51). 19세기 전반까지 감리교 내부에서 일어난 수많은 분열은 주류 웨슬리파 지도자들의 지도력의 실패를 보여주는 것이다. 이로부터 확인할 수 있는 중요한 사실은, 톰슨도 지적하였듯이(Thompson 1963, 50), 산업혁명기를 통해서 감리교는 권위주의적 경향과 민주적 경향 사이에 긴장을 극복하지 못하였다는 점이다.

따라서, 감리교와 노동운동 사이의 관련을 평가할 때 빠뜨려서는 안 될 중요한 문제는 감리교의 여러 분파들 특히 그중에서도 성원의 대

다수가 계속적으로 노동계급에 속했던 특징을 지녔던 '감리교 수구파'가 노동계급의 정치의식에 미친 영향이다(McLeod 1984, 50). 웨슬리파 총회에 대해 필사적으로 도전함으로써 시작된 감리교 수구파를 이끈 초기 지도자들은 원래는 정치에 대해서 거의 관심을 갖지 않았다. 어떤 경우라도, 감리교 수구파는 만일 자신들이 적극적 급진파로 알려질 경우 정부가 그들의 열광적인 부흥 활동을 억압할지도 모른다고 두려워하였다. 그러나 초기 수구파들은 각 지방에서 그들의 노동계급 이웃의 고통과 희망을 공유하였고, 수구파가 형성되는 과정에서 내재하였던 반항정신이 종종 수구파의 설교자들로 하여금 그들 자신의 지역 공동체에서 정치적 행위와 노동조합 운동의 자연적 지도자가 되도록 만들었다(McLeod 1984, 28).

확실히 감리교 수구파는 급진적인 노동계급 운동과 밀접하게 관련되었고 정치적 행위를 지원하였다(Hobsbawm 1957). 그래서 감리교를 대체적으로 부정적으로 보는 톰슨조차도 일부 감리교도들은 19세기 초에 대항적, 계급의식적, 프롤레타리아적 가치를 나타내 보였다는 점을 인정하였다. 그는 한층 민주적인 감리교 수구파가 중앙집권적이며 권위주의적인 정통 감리교보다 노동조합주의와 정치적 급진주의의 역사에 훨씬 공헌하였다고 보았다(Thompson 1963, 430, 436).

이로부터 감리교와 부흥운동이 집단적인 사회적 행위에 대해서 모두 일률적으로 반대하였다고 말할 수는 없게 된다. 감리교 역사에 대한 권위인 데이비드 헴튼(David Hempton)은 1825년 무렵에서 1850년 전후까지 웨슬리파와 감리교 내부에서 일련의 논쟁과 분열이 나타난 것은 당시에 그들의 지도층 가운데서 정치에 관해서 격렬한 말다툼이 있었던 결과였다고 본다(Hempton 1984). 채플(예배당) 문화가 제공한 자기 개선 및 지도력 발전을 위한 기회는 감리교와 주일학교(Sunday school) 속에서 급진 정치와 노동조합의 많은 지도자를 배출하였다. 그러나 여기서 중요한 점은 감리교는 노동하는 사람들 중에서 정치적 지도자들을 만들었지만, 그것은 계급 이익을 오직 그 자체로서만 형성하고 추구하고자 하는 지도자를 만들지는 않았다는 사실이다(Moore 1974).

감리교인들은 그들의 사회를 '중간계급'과 '노동계급'으로 나누기보다 '구원받은 자'와 '구원받지 못한 자' 또는 '선한 사람'과 '악한 사람'으로 나누려는 경향을 보였다. 결국, 이로써 헴튼이 뛰어나게 지적하였듯이, "감리교는 급진주의를 촉진시켰고 또한 동시에 급진주의를 반대하였다. 이 패러독스의 뿌리는 종교적 심성 그 자체 속에서 찾아지는 데, 그것은 한편으로는 권력 당구을 수용하며 다른 한편으로는 정의와 공정한 태도를 갖고자 원한다"(Hempton 1984, 216).


## IV. 알레비 테제와 한국: 결론을 대신하여


일찍이 데이비드 마틴(David Martin)은 한국에서 성령운동의 거점이 된 보수적 개신교가 산업화를 주도한 군사 독재체제를 지지함으로써 영국의 산업혁명과 감리교에 관한 '알레비 테제'가 적용된다고 주장하였다(Martin 1990, 154-55). 같은 맥락에서 스티브 브루스(Steve Bruce)는 최근 개신교 성령운동의 폭발을 경험하고 있는 라틴 아메리카 역시 '알레비 테제'가 잘 적용될 수 있는 사례라고 주장하였다(Bruce 1996,

120). 브루스와 마틴의 관점을 수용하는 필자는 아래에서는 종교적 개종을 설명하는 이론으로서 해방신학자들을 위시하여 진보적 사회과학자들이 즐겨 채택하는 '허위의식 모델'과 구별되는 '개인적 적응의 관점이 오늘날 세간(世間)에서 '개독교'라고까지 비판받음에도 불구하고 여전히 건재한(?) 한국의 보수적 개신교 성장의 내적(심층적) 원인을 설명하는 데 활용될 수 있다는 것을 밝혀보고자 한다.

지난 2,000년을 전후로 하여 국내 소장 종교학자들이 계간 학술지 『당대비평』을 통해서 한국의 종교가 지나치게 권력적인 속성을 지니고 있다고 비판하는 목소리를 높였던 것이 사실이다. 그 중 "개신교와 성장주의 이데올로기"라는 글에서 개신교를 집중 비판한 이진구는 "개신교는 급속한 성장을 이루는 과정에서 경제 분야의 재벌과 같은 '매머드' 교회를 탄생시켰으나, 그 과정에서 '팽창'과 '승리'를 강조하는 권력적 속성을 지니게 됐다"(이진구, 2000)고 분석했다.

지난 2008년 9월 8일 개최된 '위대한 설교 컨퍼런스'[2]에서 이재철 목사(한국기독교선교100주년기념교회)는 "복음을 미끼로 삼지 말라"는 제목의 강의를 통하여 "현재 한국에서 20대 초대형교회에 속한 신자 수는 무려 150만 명쯤으로 추산되며, 이들 중 상당수가 사회 각 분야의 지도층으로 포진해 있는데, 이들이 공익이나 사회정의 등은 외면한 채 이러한 가치들과는 동떨어진 신앙생활로 비신자들에게 모범을 보이지 못하고 있다"며 "이는 성도들이 그런 설교를 듣고 신앙생활을 했기 때문"이라고 주장하였다.

또한, "기로에 선 한국 사회, 어디로 가야 하나?"란 주제로 개최된

---

2    국민일보 기독교연구소 주최, 서울목동제자교회.

평화재단 주최의 현안진단(2009. 6. 23)에서 발표를 맡은 조민(통일연구원 선임연구위원)은 "한국 사회 어디로 가야 하는가? - 노무현 전 대통령 서거에 부쳐 - "라는 제목의 발표에서 구 기득권 세력(보수 우파)은 재벌, 조중동, 대형교회, 사학재단, 법조계, 제도권 학계·문화예술계 등을 포섭하고 있는 반면, 신 기득권 세력(진보 좌파)은 대기업 노조, 공공부문 노조, 전교조, 대학, 언론, 문화 예술계의 진보적 지식인 그룹, 시민단체 등을 망라하는 대립구도를 나타내고 있다고 봄으로써, 진보진영에 서 있는 노조와 달리 대형교회가 보수우파의 핵심 세력임을 강조하였다.

그리고 종교학자 박상언은 "신자유주의와 종교의 불안한 동거: IMF 이후 개신교 자본주의화 현상을 중심으로"라는 논문(2008)에서 1997년 경제 위기 이후 한국 사회에서 진행된 신자유주의의 독주 속에서 개신교가 어떻게 자신의 위기를 극복할 수 있는 발판을 만들어 갔는지를 고찰하였다. 구체적으로, 그는 한국의 '자본주의'와 '개신교'를 일종의 샴쌍둥이로 보면서, 1997년 경제 위기 이후 한국사회에서 부각된 신자유주의의 경제 논리와 실질적 집행에 대한 개신교의 인식과 대응 양상 및 개신교 자본주의화의 토대를 구축하기 위한 개신교의 전략과 실천을 비판적으로 검토하였다.

이로써, 앞에서 언급한 마틴을 위시하여 이진구, 이재철, 조민, 박상언 네 사람 모두 자본주의 한국에서 신학적으로 보수적인 대형교회(개신교)가 이른바 '알레비 테제'에 들어맞는 이데올로기적(정치적)으로 '보수 우파'의 중요한 세력이라고 보고 있다. 곧, 이들은 산업혁명기 영국의 감리교의 경우와도 흡사하게 오늘날 한국 사회 내에서 보수적 개신교와 자본주의 사이에는 친화성이 뚜렷이 존재하지만, 보수적 개신교와 노동자 계급 사이에는 친화성이 거의 존재하지 않는 상황을 적시하고 있다. 같은 맥락에서, 미국 하와이대의 진보적 사회학자 구해근은 영국의 톰슨의 책 제목을 연상시키는 『한국 노동계급의 형성』을 통해 1970년대 민주노동운동에 대해 침묵을 지키거나 비판한 대부분의 보수적 교회조직과 달리 두 '진보적' 교회조직—가톨릭노동청년회와 기독교(개신교) 집단인 도시산업선교회—만이 핵심적 역할을 담당했다고 주목하였다(구해근 2002, 117-22).

이제 이 글을 마무리하면서 필자는 사람들의 '개종'의 원인과 관련되는 것으로 종종 지적되는 종교의 '본질', '설득력'(plausibility), '사회적 기능'에 대해서 다시금 생각해볼 필요를 느낀다. 이 글의 초점인 영국 산업혁명기 감리교의 사례처럼 종교가 사람들로 하여금 급격한 사회변동에 적응하도록 도와주는 측면이 있다고 볼 수 있다. 그렇지만 이는 갑작스런 도시화가 초래한 사회적 혼란(social dislocation)이 언제나 종교적 반응을 갖다 주는 것으로 해석되어야 한다는 것을 의미하지는 않는다. 유럽의 경우, 양차 세계대전이 당시 전쟁에 참여한 많은 나라에서 공포와 대 파괴를 초래했음에도 불구하고 '종교적 부흥'은 일어나지 않았다. 감리교나 오순절 성령운동 같은 복음주의 종교의 회심(回心)(born again) 같은 일차적 효과와는 구별되는 이차적 효과—예로서 금연, 금주, 근면, 쾌락 거부, 책임 강조 등—의 매력만 갖고서 사람들이 기독교로 개종하는 것을 제대로 충분히 설명할 수는 없을 것이다. 만일 우리가 어떤 종교적 믿음 체계를 그것이 사회적 조화를 갖다 주거나 혹은 근면을 고취하는 등 주로 '도구적'(수단적) 차원에서만 평가할 경우, 이 때 그 종교적 믿음에 대한 우리의 참여와 헌신은 낮은 것이 될 수밖에 없다. 그 이유는 비단 종교만이 아니라 여타 이데올로기나 다른 비(非)이데올로기적 구조들도 이 같은 사회적 기능을 더 잘 수행할 수 있기 때문이다. 물론 간혹 사람들이 어떤 종교가 다른 종교보다 더 바람직한 부수효과를 갖고 있어서 매력을 느낄 수도 있을 것이다. 그러나 중요한 점은, 사람들이 특정 종교에 매력을 느끼게 되는 것은 그 종교가 진리로서 옳은 것이며 또한 그들이 가치가 있다고 여기는 이차적 결과(효과)가 신으로부터 오는 선물이라 가정하기 때문이라 말할 수 있다(Bruce 1996, 124-25).

다시 간단히 말해서, 어떤 종교의 '세속적' 유용성 때문에 그 종교가 여타 종교들보다 한층 인기를 끌 수도 있다. 그러나 이 세속적 유용성은 기껏해야 사람들이 그 종교를 믿는 이유들 중 하나일 뿐이다. 따라서 만일 어떤 종교가 세속적 유용성에 지나치게 직접적으로 탐닉할 경우 그 종교는 세속적 기준에 의해서 평가됨으로써 오히려 신앙은 훼손된다.

결론적으로, 산업혁명기 영국에서 기본적으로 보수적이었던 감리교 주류(主流) 웨슬리파는 물론 노동계급을 대상으로 초자연주의적 믿음 속에 열정적 부흥운동을 주도한 감리교 수구파들을 지배했던 사회의식은 대체로 사회를 '중간계급'과 '노동계급'으로 양분하는 '급진적'인 계급적 관점이 아니라 '구원받은 자'와 '구원받지 못한 자'로 나누는 '보수적'인 종교적 관점이었다. 알레비의 주장처럼, 필자는 이것이야말로 당시 영국의 산업혁명이 프랑스와는 달리 유혈사태를 피할 수 있었던 한 중요한 요인이라고 본다.

한편 전통적인 샤머니즘과 이어진 애니미즘적, 초자연주의적 믿음의 유산이 강하게 남아있는 한국의 보수적 개신교는 오늘날 합리주의에 경도된 서구의 개신교와는 달리 신약성서에 나오는 오순절 성령 강림 사건의 문자적 의미와 역사적 현재성을 여전히 강조하고 있는 것이

주지의 사실이다. 경쟁적인 자본주의 체제 속의 다종교사회 상황에서, 근본주의 신학과 '복음적 경건주의'가 여전히 지배하는 한국의 보수적 개신교는 진보적인 종교(개신교) 집단들과는 달리 계급투쟁과 민주화 운동 등 삶의 '세속적' 측면에 대해서 그것의 존재이유나 중요성을 확립하고 있지 않다. 한국의 보수적 개신교는 스스로 '산업화' 세력의 대표자로서 대중과 '순수한' 종교적 의사소통을 하는 데 상대적으로 성공하여 급속도로 양적 성장을 이룩하였다고 볼 수 있다. 그러나 현재 이미 '중산층화'된 한국 개신교의 주류(主流)는 바로 이 같은 '보수적'인 친자본주의적 입장으로 인해서 노동자계급과는 사회적 거리가 점점 멀어지고 있는 것은 물론 진보적 이념 진영으로부터 비판과 공격의 대상이 되고 있는 것 또한 사실이다.[3]

---

**3** 한국교회에 대한 진보적 진영의 비판을 보여주는 한 보기로서, 강인철, "한국사회와 한국 기독교의 과제: 한국교회의 정치참여에 관한 종교사회학적 분석," 한국기독교협의회선교훈련원 에큐메니칼 아카데미 제1회 "한국사회와 기독교" 심포지엄(2008. 7. 24, 서울 기독교회관 대강당) 주제 발표 논문, 1-34쪽을 볼 것.

# 참고문헌

강인철. 2008. "한국사회와 한국 기독교의 과제: 한국교회의 정치참여에 관한 종교사회학적 분석." 한국기독교협의회 선교훈련원 에큐메니칼 아카데미 제1회 "한국사회와 기독교" 심포지엄(2008. 7. 24, 서울 기독교회관 대강당) 주제 발표 논문, 1-34.

구해근. 2002. 『한국 노동계급의 형성』 신광영 옮김. 서울: 창비.

김문조. 2008. 『한국사회의 양극화: '97년 외환위기와 사회불평등』. 서울: 집문당.

김성건. 1991. "종교와 이데올로기: 산업혁명기 감리교의 이데올로기적 영향을 중심으로." 「현상과인식」 51, 158-82.

김성건. 2011. 『한국교회의 현실과 생섬』. 서울: 프리칭아카데미.

박상언. 2008. "신자유주의와 종교의 불안한 동거: IMF 이후 개신교 자본주의화 현상을 중심으로." 『종교문화비평』 13, 60-90.

이진구. 2000. "개신교의 성장주의 이데올로기." 『당대비평』 12, 225-40.

Abercrombie, N. S. Hill and B. S. Turner. (1980). *The Dominant Ideology. Thesis.* London: Allen & Unwin.

Bruce, Steve. 1996. *Religion in the Modern World: From Cathedrals to Cults.* Oxford: Oxford University Press.

Corn, Kevin. 1998. "Methodism." In *Encyclopedia of Religion and Society.* Edited by William H. Swatos, Jr. Walnut Creek, CA: AltaMira Press.

Currie, Robert, A. D. Gilbert and L. Horsely. (1977). *Churches and Churchgoers: Patterns of Church Growth in the British Isle since 1700.* Oxford: Oxford University Press.

Gilbert, A. D. 1976. *Religion and Society in Industrial England: Church, Chapel and Social Change 1740-1841.* London: Longman.

Gilbert, A. D. 1978-79. "Methodism, Dissent and Political Stability in Early Industrial England," *Journal of Religious History* X, 381-99.

Gilley, Sheriddan. 1988. *The British: Their Religious Beliefs and Practices 1800-1986.* London: Routledge.

Halevy, Elie. 1937. *A History of the English People in 1815.* London: Penguin.

Hempton, David. 1984. *Methodism and Politics in British Society 1750-1850.* London: Hutchinson.

Hobsbawm, E. J. 1957. *Laboring Men: Studies in the History of Labour.* London: Weidenfeld & Nicolson.

Hobsbawm, E. J. 1962. *The Age of Revolution.* Indianapolis, IN: Cardinal.

Johnson, Paul. 1976. *A History of Christianity.* Harmondsworth: Penguin Books.

Kendall, H. B. 1902. *History of th Primitive Methodist Connexion.* London: R. Davies.

MacIntyre, A. 1967. *Secularization and Moral Change.* Oxford: Oxford University Press.

McKim, Donald K. 1996. *Westminster Dictionary of Theological Terms.* London: Westminster John Knox Press.

McLeod, Hugh. 1981. *Religion and the People of Western Europe 1780-1970.* Oxford: Oxford University Press.

Moore, Barrington Jr. 1966. *Social Origins of Dictatorship and Democracy.* London: Penguin Books.

Pate, Deborah. 1995. "What Were the Distinctive Characteristics of Working Class Evangelicalism?" http://www.djpate.freeserve.co.uk/Evangelicalism.htm [2011. 2. 23 접속].

Semmel, Bernard. 1974. *The Methodist Revolution.* London: Heinemann.

Tawney, R. H. 1964. *Religion and the Rise of Capitalism.* London: Pelican Books.

Thompson, E. P. 1963. *The Making of the English Working Class.* London: Penguin Books.

Thompson, Kenneth. 1986. *Beliefs and Ideology.* London: Tavistock Publications.

Tocqueville, Alexis de. 1955. *The Old Regime and the French Revolution.* New York: Doubleday.

Turner, Bryan S. and Michael Hill. 1975. "Methodism and the Pietist Definition of Politics: Historical Development and Contemporary Evidence." *A Sociological Yearbook of Religion in Britain 8.*

Weber, Max. 1976. *The Protestant Ethic and the Spirit of Capitalism.* Translated by Talcott Parsons. London: George Allen & Unwin.

# 제5장

공산당 지배 하 중국에서
기독교의 성장

출처: 공산당 지배 하 중국에서 기독교의 성장,"

「아시아연구」 20-1호 (2017), 53-76.

# Ⅰ. 서론

이 글의 목적은 최근 중국에서 일어나고 있는 기독교(개신교) 성장의 주요 요인을 종교와 사회의 관계에 주목하여 밝히는데 있다. 모든 종교를 '인민의 아편'으로 보고 없애려 했던 무신론자 마오쩌둥이 1976년에 죽은 지 약 6년이 지난 1982년 중국 공산당은 불교, 도교, (소수 종족의) 이슬람교, 가톨릭, 개신교 이상 다섯 가지 조직종교를 비로소 공식적으로 인정하였다.[1] 이로부터 약 15년이 지난 1997년 당시 중국 정부의 백서가 밝힌 다섯 가지 허용된 종교 현황[2]은 아래의 표와 같다.

〈표 1〉 중국에서 공식적으로 인정된 5대 종교 현황

| 종교 | 신도(백만명) | 성직자(천명) | 집회 장소 |
|------|------------|------------|----------|
| 불교 | 100 | 200 | 20,000 |
| 이슬람 | 20 | 40 | 30,000 |
| 도교 | 통계 없음 | 25 | 1,500 |
| 개신교 | 16 | 18 | 55,000 |
| 가톨릭 | 5 | 4 | 4,600 |

마오쩌둥 사후 개혁과 개방을 추진한 중국의 농촌과 도시 전역에서 종교의 부흥을 보여주는 위의 표에 따르면, 1997년 기준으로 중국에는 공식적으로 이미 약 1억 명 이상의 종교 신앙인이 존재하는데, 이것은 전 인구의 약 6%를 차지하는 공산당원 수 보다 더 많은 것으로서 전체 인구의 약 10%에 해당한다. 중국 종교에 대한 전문가들은 실제 종교인구 수는 1억 명 보다 훨씬 많을 것이라고 말한다. 중국에서 불교, 도교, (소수 민족들 내에서) 이슬람교의 부흥과 함께 그동안 미신으로 질타된 오래된 민속종교와 조상 숭배마저 부흥하고 있는 가운데, 가장 두드러진 것은 바로 외국에서 기원한 종교로서 상대적으로 짧은 역사를 갖는 기독교의 성장이다. 위의 표에 나타났듯이 기독교는 1997년 현재 다섯 가지 종교 중 집회 장소가 무려 55,000 곳으로 가장 많은 것으로 집계되었다.

이 같은 기독교의 괄목할 만한 부흥은 중국이 최초로 공산화된 1949년 이래 칼 맑스(Karl Marx)의 영향을 받아 무신론에 입각하여 줄곧 종교 무용론을 주장해온 중국 공산당으로 하여금 종교에 대한 지금까지의 접근을 다시 생각하도록 자극하였다.[3] 구체적으로, 장쩌민(Jiang Zemin)은 그가 중국의 주석이자 공산당 최고 지도자의 자리에서 내려오기 직전에 공산당의 고위 간부들이 모인 한 자리에서 자신이 만약 대중이 따르도록 하는 법령을 공표할 수 있다면 '기독교'를 중국의 공식 종교로 만드는 것(Aikamn 2003, 17)이 될 것이라고까지 주장하였다. 장

1   중국은 기독교의 두 전통(가톨릭과 개신교)을 별개로 간주한다. 이로부터 이글의 전개에서 기독교라는 말이 가톨릭과 구별되는 개신교를 지칭함을 밝힌다.
2   중국 외무부 자료로서 China Daily에서 인용. *Economist*, 2007. 2. 1.
3   *Economist*, 2007. 2. 1.

쩌민의 후계자 후진따오(Hu Jintao)는 2007년 중국의 25명의 최고위직 지도자들을 대상으로 전례 없는 종교에 관한 '공부 세션'을 열어 번영하는 사회를 건설하기 위해서는 종교 신앙인들의 지식과 힘이 모아져야 한다고 역설하였다(Ferguson 2011, 287-88).

이로써, 현대 중국에서 종교의 부흥과 활력의 사회문화적 요인을 기독교의 사례를 중심으로 밝히는 본 연구는 사회주의에서 자본주의 시장경제로의 과도적 사회의 성격과 변동을 규명한다는 점에서 그리고 최근 세계 종교사회학계에서 세속화 이론의 퇴조 속에 부상한 새로운 패러다임의 적용 가능성 등을 살펴보는 데도 일정한 의미가 있다고 생각한다.


## Ⅱ. 이론적 배경

공산당 지배 하 중국에서 최근 기독교의 급성장에 주목하는 본 연구의 이론적 배경은 네 가지로서 (1) 공산주의와 기독교, (2) 종교와 이데올로기 이론, (3) 세속화와 종교적 부흥, (4) 종교와 자본주의 사이의 관계이다. 본론의 논리 전개에 앞서 이들 네 가지 이론적 배경을 차례로 간략히 검토하는 것이 필요하다고 본다.

첫째, 공산주의와 기독교 사이의 관련에 대해서 주목한 존 베네트(John C. Benett, 1970)와 피터 버거(Peter L. Berger, 1977) 등은 서구 근대 지성사의 측면에서 자유주의와 사회주의를 비교하였다. 맑스주의를 계몽주의의 후예로 보는 이들에 따르면, 자유주의와 사회주의 양자는 계몽주의의 산물로서 "자유, 평등, 박애"라는 프랑스혁명의 세 가지 약속을 치켜 올리고 있다. 그러나 자유주의는 박애에 관해서 거의 많은 것을 말하지 않지만, 사회주의는 반대로 이것을 가장 고무시키는 야망으로 만들어왔다. 또한, 경쟁 상태에 있는 세계 기성종교(특히 기독교)의 설득력을 상당히 약화시킨 사회주의(특히 사회주의 신화에 대한 가장 포괄적인 지적 정당화인 맑스주의)는 미래에 대한 구원적인 공동체를 투사한다는 점에서 그 속에 반(反)근대적 감정이 존재했던 유대교나 기독교의 세속적 원형, 곧 현대판 세속주의라고 볼 수도 있다(김성건 1991, 65). 사회주의의 특질은 그것의 세속화된 종말론이 근대성의 중심적 열망에다가 새로운 합리적 질서, 물리적 부족과 사회적 불평등의 폐지, 그리고 개인의 완전한 해방까지 더해주고 있는 점이다. 다른 말로, 사회주의는 근대성의 모든 축복을 약속하면서 동시에 가장 중요한 근대화의 대가인 '소외'를 일소한다고 주장한다.

한편, 계몽주의의 후예인 맑스주의는 사회주의의 모든 구원적 기대를 포함할 수 있으면서도 동시에 과학적 이론의 기초 위에 자리 잡아 매력적인 것에 더하여 의사종교의 요소도 갖고 있다(Berger 1977, 93-94). 그래서 일종의 의사종교로서 맑스주의 내에 있는 어떤 신비적 비전의 내재적 설득력이 주어졌을 경우, 아무리 많은 실망도 그것을 결정적으로 무효로 할 수 없다. 초대교회 이후 기독교인들이 여전히 예수의 재림을 기다리고 있는 것과 유사하게, 사회주의의 '파로시아'(parousia)[4] 역시 연기되고 있지만, 사회주의자들은 아직도 그것을 기다리고 있다.

---

4  그리스도의 재림(Second coming of Christ).

이로써, 기독교와 사회주의의 유사성에 주목할 경우 양자 내에 각기 존재하는 '신비적 비전'은 일종의 신화로서 '반증'(거짓을 입증하는 것)이 통하지 못한다.

둘째, 종교의 이데올로기적 영향에 대한 여러 주장들 중에서 가장 주목할 만한 것들을 요약해보면 다음과 같다: "인민의 아편"(Marx, 1963), "이 세상에서 고통 받는 사람들을 위한 보상"(Weber, 1963), "과도적 이데올로기"(Weber, 1976), "공동체 창조"(Gilbert, 1976; Semmel, 1974), "노동자 보수주의의 기원"(Halevy, 1938), "2차적 덕목에 기초한 협상과 교섭에로의 유인"(MacIntyre, 1967).

이것들 중 본 연구의 주제와 연관성이 높다고 판단되는 것은 "과도적 이데올로기"와 "공동체 창조" 두 가지이다. 우선 "변하는 시기의 이데올로기"(transitional ideology)는 베버가 『프로테스탄트의 윤리와 자본주의 정신』에서 언급한 종교의 이데올로기적 영향으로서 종교(개신교)가 사람들로 하여금 자본주의적 산업화 또는 근대화 요구에 적응하는데 도움을 주는 과도적인 이데올로기 노릇을 한다고 보면서 근로자들이 종교적으로 제재된 노동 계율에 의해서 깨우쳐지는 측면을 주목하였다(Weber 1976, 115). 다음으로, 격동의 영국 산업혁명기의 종교와 사회를 연구한 길버트와 젬멜은 전통에 기초한 공동사회(게마인샤프트)로부터 한층 비인격적이며 합리적이고 계약에 기초한 사회적 질서(게젤샤프트)로 넘어가는 것을 편하게 해주었던 공동체의 한 형태를 창조하였던 것을 당시 종교(감리교)가 담당한 주된 사회적·이데올로기적 역할로 보았다.

셋째, 글로벌한 관점 속에서 볼 때 서구에서 두드러지게 나타나고 있는 세속화와 이슬람의 근본주의와 개신교의 펜테코스탈리즘(Pentecostalism, 성령운동)이 주도하고 있는 종교의 부흥 양자가 서로 다른 것이 아니라 '동전의 양면'이라고 말할 수 있다(Riesebrodt 2003). 종교사회학이 그동안 근대화가 될수록 종교가 소멸할 것이라는 세속화이론에 경도되었던 것을 뛰어 넘어 세속화와 종교적 부흥의 두 가지 현상을 동시에 모두 잘 설명할 있는 이론(패러다임)이 필요하다고 보는 마틴 리제브로트(Martin Riesebrodt)는 베버의 관점을 수용하여 종교란 '초자연적인 힘'(superhuman powers)과 소통하고 교환하는 상대적으로 자율적인 영역이라고 본다. 이 같은 리제브로트의 관점은 크리스천 스미스(Christian Smith)가 종교적 신앙의 특수한 내용이 인간의 자아, 정체성, 공동체, 조직과 운동 등을 구성하는 데 매우 중요한 것이 되어야 한다는 주장(Smith 2008, 1564)과 상통한다.

이로부터 종교사회학계에서 양강 구도를 형성하고 있는 세속화 이론과 합리적 선택이론을 뛰어넘어 최근 이른바 '새로운 패러다임'의 영향력이 증대하고 있다(김성건 2013a, 39-42). 새로운 패러다임의 핵심 주장을 간추리면 다음 다섯 가지이다. (1) 종교사회학이 지방주의를 벗어나 보다 글로벌한 관점을 수용한 바탕 위에서 학제 간 협력을 통해 '교차 국가적 비교'를 하는 쪽으로 변화가 요구된다. (2) 최근 종교의 부흥이 예시하듯이 인간사회에서 종교의 꾸준한 영향력을 설명하기 위해서는 종교를 사회제도가 아닌 '문화적' 자원의 측면에서 다시 정의하고 종속변수가 아닌 독립변수로서 '종교적 신앙'의 중요성에 대한 재인식이 요구된다. (3) 종교가 본질적으로 해로운 측면보다 인간의 복지(안녕)에 이바지하는 긍정적 측면이 한층 많다는 것에 새삼 주목하여 '방법론적 무신론' 대신 '방법론적 불가지론'의 수용이 요구된다. (4) 인간의 삶의 '주변부'에 해당하는 신흥종교운동보다 이제는 일반 대중의 종교적 삶의 '중심부' 곧, 주류 종교의 제반 상황과 변화에 대한 심도 있는 체계적 연구가 필요하다. (5) 새롭고도 생산적인 다양한 연구 주제들(예: 공산주의 및 탈공산주의 사회 속의 종교 등)의 발굴이 중요하고 창의적이고 혁신적인 연구가 적극 시도되고 장려되어야 한다.

넷째, 종교를 중심으로 인간의 가치, 규범 및 신념의 공동체 곧 '이데올로기적 공동체'를 연구했던 뒤르켐(Emile Durkheim)과 베버(Max Weber) 같은 고전사회학자들의 주된 관심사는 두 가지였다. 하나는 "종교는 어떻게 사회 질서의 유지에 기여했는가?"이고 다른 하나는 바로 "종교와 자본주의 사이의 관계는 무엇인가?"였다(김성건 1991, 179). 역사적으로 보아, 영국의 산업혁명 기간 중에 감리교와 산업자본주의 사이에 친화성이 존재하였다. 에릭 홉스봄(Eric Hobsbawm)에 따르면 (Hobsbawm 1962, 271), 산업혁명기 19세기의 영국 노동자 공동체와 노동계급이야말로 세계사에서 그 이전의 어떤 가난한 자들의 집단보다도 조직화된 종교(기독교)로부터 가장 관심의 대상이 되지 못했다. 영국 노동자들의 문화는 자본주의 사회의 성취적 개인주의에 대해 적의(敵意)를 보였다(Young 1989, 212). 자본주의에 대해서 저항했던 노동계급의 문화는 한마디로 대항문화였는데, 이것은 지배문화와 독립되어 존재하였다. 한편, 빅토리아 시대 중반에 이르러 일상화된 비국교도 개신교 신앙, 특히 웨슬리파 감리교는 근본적으로 자본주의 체계에 그 자체를 맡긴 채로 남아 있었고 그 결과 (산업)자본주의를 떠받들게 되었다. 그리하여 베버(Weber, 1976)와 토니(R. H. Tawney, 1964)가 적절히 지적하였듯이, 개신교의 개혁 유산은 개인구원에 대한 믿음을 통해서 개인주의를 증진시켰고, 이로써 프로테스탄트 신앙과 공리주의적 믿음은 서로 나란히 발전하였다(Abercrombie et al. 1980, 100).

일반적으로 현대 세계에서 '종교와 자본주의' 사이에는 크게 보아 다음과 같은 세 가지 중요한 양 방향의 관계가 존재한다고 볼 수 있다 (김성건 2013b, 112).

(1) 종교는 자본주의를 돕고 지지한다. 베버 자신은 프로테스탄트 기독교의 노동 윤리와 자본주의의 정신 사이에 '조화'를 지적했다. 오늘날 복음주의 및 카리스마적 형태의 기독교가 자본주의 경제에 성공하는데 필요한 개인적 가치들을 지속적으로 떠받쳐주고 있다. 이렇듯 현대 종교의 많은 형태가 추종자들로 하여금 보다 큰 번영을 뚜렷이 성취하도록 도와주고 있다.

(2) 종교는 자본주의가 생성하는 극심한 불평등, 혼란, 스트레스 그리고 긴장을 다루는 수단으로서 기능한다.

(3) 종교는 자본주의에 저항하고 반대한다. 예로서, 오늘날 이슬람의 많은 형태는 자본주의에 대해서 매우 비판적이다, 그래서 자본주의를 이슬람의 보다 평등한 형태의 경제적, 사회적 제도로 대치하고자 한다. 이슬람 진영에서 자본주의는 서구적이며 세속적인 것으로 인식된다. 종교의 여타 형태들은 사람들을 자본주의로부터 물러나게 해서 다른 형태의 경제적 제도를 구축하도록 시도하게 하는 공간으로서 기능한다. 예로서, 공동체적 삶을 추구하며 화폐교환을 포기하는 등 일부 신종교운동들이 이것에 해당된다. 수도원(금욕)제도(monasticism)가 또 다른 예이다(Woodhead 2009, 6-7).

## Ⅲ. 중국 기독교 성장의 현황과 주요 요인

### 1. 기독교 성장의 현황[5]

많은 중국 연구자들은 중국에서 문화대혁명(1966-1976)이 끝난 1970년대 후반 이래 데이터의 한계에도 불구하고 종교 인구와 그 성장이 나타난 것에 대한 경험적 분석에 열정을 쏟았다. 오늘날 중국 내 종교의 성격에 대한 귀중한 통찰을 보여준 이런 연구의 대표적 예가 바로 미국 퍼듀(Perdue)대학의 종교사회학자 펭강양(Fenggang Yang)이 2012년 출판한 연구다.[6] 펭강양을 비롯한 거의 모든 중국 종교 연구자들은 중국에서 지난 30여 년 동안 종교와 그 영향력이 급격하게 증가하였다고 본다. 이 같은 종교의 성장은 종교의 제도적 형태는 물론 조직화(제도화)된 종교적 틀 내부보다는 법적으로 등록하지 않은(불법인) '가정교회'(house churches)를 포함하여 가족과 공동체의 배경 속에 표현되는 종교적 믿음과 의례가 한층 '확산된' 형태를 포함한다. 아래의 표2는 중국의 공식 통계를 통해서 추정한 기독교의 성장을 보여준다. 이것을 보면, 신도 수, 성직자 수 그리고 교회와 집회소의 숫자 모두 1980년대 이후 현재까지 급속도로 증가 추세에 있음을 알 수 있다.

---

**5**  현재 중국 기독교의 현황에 대한 신뢰할 만한 통계가 매우 제한된 상황이다. 그래서 이 부분에서 필자는 미국의 퓨포럼(Pew Forum on Religion & Public Life)에서 2011년 출판한 Global Christianity의 부록(Appendix C: Methodology for China)에 실린 내용에서 상당 부분 도움을 받았음을 밝힌다.

**6**  *Religion in China: Survival and Revival under Communist Rule* (Oxford University Press, 2012). 한글 번역판으로 楊鳳崗(Fenggang Yang), 『중국의 종교: 공산통치하에서의 생존과 부흥』, 송재룡·유광석 옮김(서울: 다산문화사, 2017).

〈표 2〉 공식 통계로 본 중국의 기독교(개신교) 성장[7]

| | 신도 수(백만 명) |
|---|---|
| 1950년대 초 | 0.7 |
| 1956년 | 0.8 |
| 1982년 | 3.0 |
| 1991년 | 4.5 |
| 1995년 | 10.0 |
| 2009년 | 16.0 |
| | 성직자 수(명) |
| 1982년 | 5,900 |
| 1995년 | 18,000 |
| 2009년 | 37,000 |
| | 교회와 집회소 |
| 1995년 | 37,000 |
| 2009년 | 58,000 |

한편, 2011년 현재 중국 인구 중에서 기독교인이 차지하는 비율에 관해서 책자를 통해 통계치가 나온 것을 보면, 상대적으로 작은 사례의 여론조사에서는 기독교인의 비율이 약 1%이며 중국 내에서 교회와 교회 지도자들(미등록된 교회 포함)이 신도수를 보고한 것은 약 8%에 이르기까지 그 폭이 상당히 넓다. 중국의 인구가 2013년 기준으로 13억 7천만 명인 것을 고려할 때, 기독교인의 숫자가 만약 1% 포인트만 차이가 나도 실제로 이것은 1천만 명 이상의 사람을 대표하는 것이 된다. 2011년 퓨포럼(Pew Forum)이 출판한 *Global Christianity* (세계 기독

---

7    Yang(2012)의 Table 5.1을 기초로 개신교 관련 자료만을 추출하여 정리한 것임.

교)를 보면, 이 퓨포럼은 중국 내 개신교 크리스천의 숫자에 대한 신뢰할 만한 통계를 제공하기 위해서 2008년에 이미 출판한 『중국에서의 종교에 관한 분석』에 기초하되 여론조사, 교회 신도수 보고서 및 중국 정부의 통계 같은 다양한 출처의 정보를 더하여 조심스럽게 조사하였다. 그 결과는 아래 표 3(중국의 기독교인)과 같다. 표 3이 보여주듯이, 퓨포럼은 2010년을 기준으로 중국의 전체 인구 중에서 약 5%(모든 연령층에서 약 6,700만 명)가 크리스천이라고 추정하였다. 그중에서 가톨릭(약 900만 명, 0.7%)을 제외한 대략 5,800만 명(약 4.3%)을 개신교도로 보았다.

그런데 여기서 흥미로운 것은 퍼듀대학교의 펭강양이 소장으로 있는 종교와 중국사회연구소(Center on Religion and Chinese Society)[8]가 최근 발표한 '중국 전역의 종교조직의 분포도'에 따르면, 중국에서 개신교는 동쪽 지역에 이슬람은 서쪽 지역에 불교는 남쪽 지역에 그리고 가톨릭은 북쪽과 중부 지역에 상대적으로 많이 분포한 것으로 나타났다.

〈표 3〉 (2010년 현재) 중국의 기독교인 현황(Global Christianity)

|  | 추정된 인구 | 중국의 2010년 인구 중 비율(%) |
|---|---|---|
| 개신교도 | 58,040,000 | 4.3 |
| 독립 개신교인 | 35,040,000 | 2.6 |
| 여타 개신교인 | 23,000,000 | 1.7 |
| 성공회 신도 | 〈 1,000 | 〈 0.1 |
| 정교회(Orthodox) 신도 | 20,000 | 〈 0.1 |
| 가톨릭 신도 | 9,000,000 | 0.7 |
| 기타 기독교 신도 | 〈 10,000 | 〈 0.1 |
| 전체 기독교인 | 67,070,000 | 5.0 |

그런데, 표 3에서 개신교도 중에서 우선 여타 개신교인은 중국 공산당이 승인한 이른바 '삼자(三自)교회'[9]에 속한 사람들로서 이 삼자교회는 '개신교 삼자애국운동위원회'(Protestant Three-Self Patriotic Movement Committee, TSPM)에 속해 있다. 중국기독교협의회(China Christian Council)에 따르면, 2010년을 기준으로 중국에 약 2,300만 명(1.7%)의 삼자교회 신도가 있다. 이에 더하여, 중국기독교협의회가 밝힌 것에 의하면 약 3,500만 명(2.6%)은 독립 개신교인들로서 이들은 국가의 승인을 얻지 않은 상태에서 집, 임대한 시설 및 공공장소에서 만나고 있다. 이 독립 개신교인들에는 등록된 교회 또는 미등록된 교회에 출석하는 종종 "구도자"(seekers)라 불리는 아직 세례를 받지 않은 사람들도 포함된다. 중국의 기독교 성장 현황과 관련하여 한 가지 지적이 필요한 측면은 미등록 기독교인의 실제 숫자에 관한 것이다. 퓨포럼의 연구[10]가 이미 지적하였듯이, 공산당 지배 아래에 있는 현 중국에서 종교(특히 기독교)는 여전히 매우 민감한 쟁점이기 때문에 대중을 상대로 한 여론조사에서 기독교인 일반 특히 미등록된 기독교 집단의 신도 수는 실제보다 훨씬 적게 나타날 수밖에 없다.

최근 인구학자들은 중국의 인구가 2030년에는 약 14억 명이 될 것이라 추계하였다. 펑강양에 따르면, 중국 내 개신교 크리스천은 2016년 현재로부터 앞으로 매년 7% 정도로 최소한의 성장이 일어날 것이라

---

8  https://www.purdue.edu〉crcs.
9  중국의 삼자교회란 중국 정부에 등록하고 모임을 허가받은 교회로서, 중국기독교 삼자애국운동위원회의 약칭이다. 삼자교회의 주장은 "중국 공산당과 인민 정부의 영도 아래 전국의 기독교신도들을 단결하여 조국을 사랑하면서 국가의 법령을 준수하고 자치(自治), 자양(自養), 자전(自傳)의 삼자(三自)를 지지해 나가자"이다.
10  Pew Research Forum(2011).

고 가정할 경우, 14년 뒤인 2030년이 되면 전체 인구의 약 16%를 차지하게 될 것이다(Yang 2016, 11). 만일 이 같은 기독교의 성장률이 지속될 경우 2040년에는 33%, 2050년에는 무려 67%가 개신교 신자가 될 것이다. 중요한 것은 현재 중국 내의 기독교인 전체 숫자가 타이완(기독교인이 약 5%)[11]의 그것보다 이미 더 많게 성장한 사실이다. 여러 종교 중에서 특히 기독교가 이렇듯 급격하게 성장하고 있는 사실이 중국 공산당을 자극하였다. 그 결과 중국 공산당은 모든 조직화된 종교에 대해서 공식적으로 제한과 견제를 했던 기존 행보와 달리 최근에는 전통적인 중국의 종교(예: 유교)에 대해서 상당한 편애를 하기 시작했다(Yang 2016, 11).

## 2. 중국에서 기독교 성장의 주요 요인

서론에서 이미 검토한 것처럼, 오늘의 중국 같은 공산주의 및 탈공산주의 사회 속의 종교는 최근 종교사회학의 새로운 패러다임이 강조하는 혁신적 연구주제 중 하나라고 할 수 있다. 본 절에서는 앞에서 개관한 중국 내 기독교의 성장 현황을 바탕으로 지난 30여 년 동안 기독교인이 괄목할 만한 정도로 고속 증가한 현상에 내재한 주요 요인을 밝히는 작업을 하고자 한다. 그런데 중국의 종교(특히 기독교)에 대한 신뢰할 만한 데이터가 아직 부족하고 심층 연구 결과 역시 일부 사례들[12]을

---

11   U.S. Central Intelligence Agency(2015).

제외하고는 대체로 일천한 상황에서 기독교 성장의 원인에 관해 체계적이며 경험적인 분석을 하기란 사실상 어렵다고 본다. 이에 아래에서는 "중국에서 기독교가 최근에 급속도로 성장한 것을 어떻게 볼 것인가?"라는 질문에 대해서 선교사회학 및 종교사회학의 개념, 이론과 관점을 기반으로 주로 관련 문헌연구를 통해서 몇 가지 중요한 상호 관련된 요인을 종합적으로 밝혀내 보고자 한다.

첫째, 선교사회학적 측면에서 볼 때, 유교 한자 문화권인 극동 아시아 3국(일본, 한국, 중국) 중 외래종교인 기독교의 성장이 현재 가장 낮은 나라는 일본이다. 일본에서는 기독교 신자가 전 인구의 1%도 안 되는 상태에 있다.[13] 참고로 한국은 기독교 신자가 최소 20%가 넘으며 중국은 앞에서 살펴 본바와 같이 5% 가량이다. 한국의 경우 일제시대 때 일본의 신사참배 강요로 인해 박해를 당한 기독교가 쇠퇴하지 않고 해방 이후 공산주의에 대한 저항 속에 오히려 성장이 두드러지게 이루어진 현상을 중시하는 필자가 최근 중국의 개신교 급성장에 대해서 탐구하는 과정에서 새롭게 주목하게 된 역사적 측면이 바로 '박해'(persecution)와 저항 및 순교의 유산이다.

로드니 스탁(Rodney Stark)은 세계 17개국 언어로 번역된 『기독교의 성장』(The Rise of Christianity, 1996)에서 초대 기독교의 성장이 로마 제국의 박해를 배경으로 이루어진 것에 대해서 새롭게 조명하였다. 이로부터 스탁은 중국 출신 신화왕(Xinhwa Wang)과 최근에 함께 쓴 저서[14]에서 중국에서 기독교가 성장한 주요 요인으로서 문화대혁명기에 '박

---

**12** 예로서, Yang(2012); Stark and Wang(2015).
**13** 기독교가 일본에서 실패한 것에 대한 종교사회학적 연구로서 마크 R. 멀린스(Mark R. Mullins), 『일본의 종교: 토착교회 운동』, 김성건·이숙희 옮김(서울: 다산출판사, 2019) 볼 것.

해'와 그것에 대한 '저항'의 유산을 당시 기독교가 지하에서 성장한 사실에 초점을 모아 논증하였다. 그런데 스탁은 다음과 같은 명제에 기초하여 자신의 주장을 펼쳤다.

> 사람들이 특정 종교적 집단으로 개종이 일어나기 쉬운 것은 그들의 개종을 반대하는 외부인들과의 사회적 결속보다 내부인들에 대한 자신들의 사회적 결속이 더 중요할 때이다. 그리고 이 같은 개종은 한 개종자가 새로운 종교적 집단이 믿는 것에 대해서 많은 것을 알기 이전에 종종 일어난다(Stark and Wang 2015, 49).

이로부터 스탁은 신앙의 교리가 개종을 촉진하거나 막기도 하지만, 개종에서 정상적인 경우는 기본적으로 주로 '동조'의 행위라고 주장하였다. 다른 말로, 개종이 일어나는 기본적인 기제는 '사회적 연결망'이라는 것이다. 따라서 어떤 사람을 개종시키려면 먼저 그 사람과 가깝고도 믿을 수 있는 친구가 되어야만 한다. 반대로, 어떤 사람이 새로운 종교로 개종하게 되면 그 사람은 통상 자신의 친구들과 친척들을 개종시키려 하게 됨으로 개종은 사회적 연결망을 통해서 진행되는 경향을 갖는다(Stark and Wang 2015, 50).

스탁에 따르면, 개종은 밀접한 개인적 관계의 연결망을 따라 확산되기 때문에 매우 가시적인 현상이 아니며 탄압에 직면하면 비밀 속에서 수행될 수 있다. 그래서 박해의 상황에서 대부분의 사람들은 자신이 어떤 사람을 완전히 신뢰하지 않을 경우에는 이 사람을 상대로 개종시

---

**14** *A Star in the East* (2015), 50-51, 56-69.

키려는 노력을 하지 않으려 하기 때문에 기독교인을 색출하거나 처벌하는 것이 매우 어렵다. 이런 이유로 인해서 과거에 약 10년간 지속된 문화대혁명기 중에 중국에서 기독교가 계속 성장한 것은 정말로 지하에서 일어난 행위였다. 그리고 이 기간에 많은 저명한 지도자들이 투옥되거나 심지어 사형을 당했고 일부 회중은 예배를 드리는 동안 구속되었지만 대부분의 신도들은 그들의 신앙 때문에 고통을 당한 것은 아니었다(Stark and Wang 2015, 50-51).

여기서 한 가지 흥미로운 점은 중국의 문화대혁명기에 종교의 탄압을 피해 지하로 숨어든 개신교의 경우는 성직자가 없어도 평신도 상호 간에 성경 말씀을 탐구하면서 박해의 상황이 갖다 준 잠재적 선택 기제가 작동하여 극도로 보수적이며 강렬한 회중 공동체로 성장하여 신도 수도 증가하였다는 사실이다. 한 집단의 구성원이 되는 데 많은 것이 요구될수록 그 집단은 급속도로 성장한다. 개종이 개인 상호 간의 결속에 기초한다는 것을 고려할 때, 종교적 집단은 그것의 개인 구성원들이 다른 사람들을 얼마나 개종하려고 노력하느냐에 따라 성장이 좌우된다. 미국이나 캐나다 등의 사례가 잘 보여주듯이, 개신교 내에서 자유주의 교파의 신도들 중에서 다른 사람들에게 전도하려는 사람은 거의 없는 반면에, 복음주의 교파의 신도들의 다수는 전도에 열심이어서 현재 교세가 증가하고 있다(Stark 2008; Haskell et al. 2016; Flatt 2013).

이렇듯 종교에 대한 탄압이 자행된 문화대혁명기 당시 지하로 숨어든 개신교는 아이러닉하게도 성장을 이룬 반면에, 지하의 가톨릭은 말씀보다는 여전히 전통적 교회의 권위를 중시하여 성례와 미사 등 예배 의식을 관장하는 성직자가 필요했다. 그런데 이 지하로 숨어든 가톨릭 공동체는 당시 중국 공산당 정부와 대척점에 서게 된 바티칸으로부터 성직자의 공급이 아예 단절되면서 자동적으로 시간이 갈수록 점점 성장이 거의 이루어지지 않고 쇠퇴하게 되었다.

둘째, 종교가 자본주의적 산업화 또는 근대화가 일어나는 상황에서 사람들로 하여금 급격한 사회변동의 요구에 적응하는데 도움을 주는 '과도적인 이데올로기' 노릇을 한다고 본 베버의 주장을 수용할 경우, 문화대혁명 후 사회주의에서 자본주의로 전환된 중국에서 최근 성장하고 있는 개신교를 일종의 '과도기적 이데올로기'로 볼 수 있을 것이다. 이런 맥락에서 역사학자 니얼 퍼거슨(Niall Ferguson)은 중국에서 출현한 새로운 유형의 기독교인에 관한 연구들(Chen and Huang 2004, 189, 196; Bays 2003, 194-196)에 주목하여 오늘날 중국에서 기독교는 '인민의 이편'과는 많이 다른 것으로 보았다(Ferguson 2011, 284). 이로부터 퍼거슨은 '중국의 예루살렘'으로 불리는 중국 남부 지역 웬조우(Wenzhou, 溫州)의 가장 헌신적인 기독교 신자들은 이른바 '보스 크리스천'(the Boss Christians)(Chen and Hwang 2004)이라고 불리는 비즈니스맨들로서 베버가 말한 자본주의의 정신과 개신교 윤리 사이의 연관을 생생하게 보여준다고 주장하였다(Ferguson 2011, 285). 다음은 퍼거슨이 웬조우에서 아이하오(Aihao, 愛好)라는 회사의 사장인 장한핑(Hanping Zhang)이란 인물의 예를 들어 개신교와 종교적으로 규제된 노동 윤리 사이의 친화성을 설명하였다.

장한핑은 한 때 농부였으나 1979년 플라스틱 사업을 시작했고 8년 뒤에는 그의 첫 펜공장을 열었다. 오늘날 그는 5,000명의 근로자를 고용하여 1년에 5억 개의 펜을 생산하고 있다. 장한핑의 관점으로 볼 때, 기독교가 성장하고 있는 데는 공산주의로부터 자본주의로 정신을 차릴 수 없을 정도로 빠르게 변하는 사회적 전환에 적응하려고 몸부림치는 사람들에게 기독교가 윤리적 준거틀을 제공하기 때문이다. 장한핑은 나에게 오늘날의 중국에는 신뢰는 부족한 대신에 정부의 공무원들은 종종 부패해 있고 기업 역시 속이는 경우가 많다고 말했다… 산업혁명기 초기 유럽과 미국의 종교적 공동체들처럼, 중국의 종교(기독교) 공동체는 그 자체가 신뢰의 연결망이면서 동시에 신뢰할 수 있는 동료 신자들을 공급할 수 있어서 신도의 수가 배가되고 있다(Ferguson 2011, 285).

전환기에 놓인 현 중국 사회에서 개신교가 노동윤리를 제공함으로써 '과도기적 이데올로기' 노릇을 하고 있다는 측면에 더해서, 영국 산업 혁명기에 개신교(감리교)가 공동체의 한 형태를 창조하였다는 길버트와 젬멜의 인식을 중국의 개신교에 적용해볼 수 있다고 판단된다. 중국 역시 산업혁명기 영국과 비슷하게 전통에 기초한 공동사회가 비인격적이고 합리적인 계약에 기초한 '원자화된 사회'로 급격히 전환하고 있는 상황이다. 중국에서 급속한 근대화가 수반하는 산업화, 도시화, 관료제화를 배경으로 농촌을 떠나 일자리를 찾아서 낯선 도시에 들어온 뒤 삶의 뿌리가 뽑혀진 사람들이 '공동체'를 추구하게 마련이다. '압축적 근대화'가 이루어진 1970-80년대 한국 사회 내 개신교의 폭발적 성장의 사례처럼 현 중국에서 개신교가 일종의 공동체를 제공함으로써 성장하고 있다고 말할 수 있을 것이다.

셋째, 중국에서 개신교의 성장을 설명할 때 '자유 시장경제(자본주의)와 개신교'의 친화성을 주목하지 않을 수 없다고 본다. 이미 서론에서 검토했듯이, 종교와 자본주의 사이에 존재하는 다양한 관계 중에서 개신교가 자본주의를 돕고 지지하는 것은 역사적 사실이다. 이는 오늘날 복음주의 및 카리스마적 형태의 기독교(예: 오순절 성령운동)가 자본주의 경제에 성공하는 데 필요한 개인적 가치들을 지속적으로 떠받쳐주고 있는 데서 잘 나타난다. 다시 말해서, 여러 종교들 중에서 특히 개신교는 추종자들로 하여금 보다 큰 번영을 뚜렷이 성취하도록 도와주고 있다.

서구가 근대성의 측면에서 비서구 세계보다 앞서 나가게 된 데는 베버가 말한 '개신교 윤리'가 한 요인이라고 주장하는 퍼거슨에 따르면, 중국의 경우에서도 검약적인 기업인의 문화를 포함하는 개신교 윤리의 마력이 작동하고 있다(Ferguson 2011). 이를 뒷받침하는 예로서, 앞에서 언급한 '보스 크리스친들'은 비즈니스 영역에서 단연 두각을 나타내는 기독교인들을 일컫는 말인데, 이들의 증대하는 영향이 결국에는 우선 중국 공산당의 비즈니스와 산업에 대한 정책에도 일정한 효과를 발휘할 것이라고 볼 수 있다(Stark and Wang 2015, 124). "현재 중국 공산당원 내부에 수많은 비밀 기독교인이 있는 것은 사실인데, 만일 중국 공산당 내에 장차 기독교인이 주요한 세력이 될 경우 어떤 일이 일어날까?"(Stark and Wang 2015, 125) 스탁은 "중국의 기독교 성장"이라는 부제를 붙인 책(A Star in the East)의 맨 마지막 결론 부분에서 공산당 내부에서 의미 있는 기독교의 영향이 나타나는 것은 몽상이 아니라고 보면서 기독교의 영향을 받아 공산당은 국가 소유 기업을 사유화할 것이며 경제를 자유시장 자본주의로 전환시켜서 종국에는 민주주의를 자리 잡게 할 것이라고 낙관적으로 전망하였다(Stark and Wang 2015, 126).

또한, 스탁은 '개신교와 자본주의' 사이의 친화성을 밝히려는 취지로 아시아의 많은 지역(일본, 중국과 4마리 작은 용인 한국, 홍콩, 타이완, 싱가

포르)에서 기독교가 성장한 것에 주목하였다(Stark and Wang 2015, 제5
장). 그런데 스탁의 분석에 따르면, 이 아시아 6개국의 사례 모두에서
흥미롭게도 교육수준이 높을수록 기독교인이 되는 경향이 많은 반면
교육수준이 낮을수록 불교신자인 경향이 많다. 이 아시아 국가들에서
교육수준이 높은 집단이 여러 종교 중에서 특히 기독교를 선호하는 현
상을 설명하기 위해서는 전통적인 아시아 문화에 산업 기술적 근대성
이 갑자기 주입됨으로써 초래된 '문화적 부조화'(cultural incongruity)를
주목하는 것이 중요하다. 스탁은 이 '문화적 부조화'는 '영적인 박탈감'
을 초래하는데 이것에 대해서 가난한 하층민들 보다 교육받은 사람들
이 한층 더 민감하다고 본다(Stark and Wang 2015, 90). 앞의 서론에서
이미 밝힌 바와 같이, 중국에서 1979년 개혁이 시작된 이래 현재까지
모든 종교가 부흥하는 가운데 특히 기독교가 가장 성장세에 있다(Yang
2012, 83). 그런데 상향이동을 성취했거나 상향이동을 열망하며 교육수
준이 높은 중간계급이 세속화의 예언자인 맑스와 베버의 예상과 달리
카리스마적 또는 오순절 성령운동적 기독교가 폭발적으로 성장하는데
주요한 동력을 제공하고 있는 사실(Yang 2012, 40)을 재주목해야 한다.

넷째, 마지막으로 공산당 지배 하 중국에서 기독교가 성장하고 있
는 현상을 설명하는데 중요한 측면은 (1) 의사종교로서 유토피아적 성
격을 지닌 공산주의와 (2) 마오쩌둥의 신격화에 나타난 개인(인격) 숭배
(the cult of personality) 그리고 (3) 유일 신앙으로서 유토피아적 성격을
지닌 기독교 세 가지 사이의 복합적인 연관이다.

역사적으로 보아, 중국에서 문화대혁명기 동안 공산주의에 대한 열
정이 '노동하는 인민의 구세주(메시아)'로서 마오쩌둥 자신에 대한 개인
인격 숭배로 은밀히 대체되었다(Yang 2012, 139). 중국 당국은 당시는

물론 현재까지 줄곧 기독교에 대해서 깊이 의심을 하고 있는데, 이는 단지 19세기 중반 기독교의 영향이 작용했다고 알려진 태평천국의 난이 초래한 혼란 때문만은 아니었다(Ferguson 2011, 285). 1976년 마오쩌둥 사후 비로소 1982년에 와서야 종교가 제한적으로 허용된 이래, 1989년에 수도 베이징에서 일어난 톈안먼(天安門) 사건에서 개신교 신학생들이 중요한 역할을 담당하였고, 이 톈안먼 사건의 주동자 중에서 2명은 이후 기독교 성직자가 되었다. 톈안먼 사건이 초래한 혼란기 동안 공산당이 비공식적인 교회들을 없애는 조치가 잇따랐다. 그런데 아이러닉하게도, 마오이즘(Maoism)에 내재한 유토피아 사상은 오늘날 공산당이 메시아적이기 보다는 기술 관료적인 집단으로 변모한 상황에서 대중 속에 기독교만이 만족시킬 수 있는 영적인 '욕구'를 창조하였다(Jiwei 1994, 150).

과거 태평천국의 난(1850-1864) 당시처럼, 현대 중국인들 중 일부는 정통 공산주의나 세속적인 물질주의에 모두 만족을 못한 채 유일 신앙인 기독교의 유토피아 사상으로부터 영감을 받은 컬트(cult, 사이비 종교)에서 영적인 욕구를 충족하려고 한다. 한 예로서, 헤이난성(Henan)과 헤이룽장성(Heilongjang) 일대에서 최근 인기를 끌고 있는 이른바 '동방번개운동'(the Eastern Lightning movement)[15]은 이 세상의 종말을 예언한 신약의 마태복음 24장 27절[16]에서 기원한 것으로 알려졌는데, 이 신도들은 예수가 한 여성으로 변해서 재림할 것을 믿는다. 이렇듯 최근 대중의 관심이 공산주의나 마오이즘보다 점점 기독교로 기울고 있는

---

**15** 이것의 공식적 명칭은 the Church of Almighty God(중국어로 全能神教會)임(Wikipedia, "Eastern Lightning").

**16** "번개가 동편에서 나서 서편까지 번쩍임 같이 인자의 임함도 그러하리라."

상황에서 중국 공산당이 그동안 억압했던 유교를 왜 갑자기 다시 부흥시키려는 쪽으로 방향을 선회하게 되었는지 이해할 수 있다. 중국 공산당은 최근 고령 세대에 대한 존경과 '조화로운 사회'라는 전통적 균형을 강조하는 유교를 새롭게 치켜 올리고 있다(Yang 2007, 49). 이로써, 공산당이 지배하는 현 중국에서 민감하면서도 중요한 쟁점 중 하나는 바로 '유교의 부흥'과 '기독교의 성장' 양자가 앞으로 서로 '갈등'할 것인가 아니면 '합류'할 것인가[17]라고 말할 수 있다.

## IV. 결론

종교의 미래에 대한 한 연구(김성건 2016)에서 필자는 글로벌 사회 내에서 현재 종교의 부흥을 주도하고 있는 것은 성령강림파 복음주의의 세계적 급증 현상임을 주목하였다. 앞에서 살펴본 바와 같이 폭발적인 성장을 하고 있는 중국 개신교의 주요한 성격 역시 삶을 변화시키는 종교적 체험으로서 중생(重生, 마음의 변화)을 강조하는 보수적 복음주의, 특히 그중에서도 오순절 성령운동적 종교인 것을 지적하지 않을 수 없다. 황홀경을 자아내는 예배 속에서 인간의 마음(mind)과 신체(body)를 결합하는 기독교의 '혁신적' 표현인 성령운동의 특징 중 하나인 비위계

---

17 Fenggang Yang은 바로 이 주제로 2016년 미국종교사회학회(SSSR)(2016. 10. 28-30, Atlanta, Georgia)에서 발표하였고 이 세션의 참석자들로부터 많은 질문을 받았다.

적(수평적) 성격은 평신도에게 모종의 권능감을 주며 동시에 기쁨과 소망을 불러 일으켜서 지구촌의 가난한 남반구를 중심으로 크게 부흥하고 있다(Jenkins 2002, 1-2; 밀러와 야마모리 2008, 30). 물론 이렇듯 급속도로 성장하는 교회들 중 일부에서 주술적 요소와 부패가 존재하는 것도 사실이다. 그렇지만 오순절 성령운동은 전통적 종교 내에 있는 가용할 만한 종교적 패키지에 대한 하나의 대안이다(밀러와 야마모리 2008, 20-21). 바로 이것으로 인해서 중국에서 지금까지 어느 종교에도 헌신하지 않았던 수많은 사람들이 성령운동적 기독교를 받아들이고 있다고 말할 수 있다.

그리고 필자는 공산당 지배 하 중국에서 현재 많은 종교 중에서 특히 기독교(개신교)가 성장하고 있는 현상을 공산주의에서 자본주의로 이동하는 독특한 체제 전환적(과도기적) 사회상황의 산물이라고 보면서도 동시에 최근 글로벌 사회에서 나타나고 있는 '종교적 부흥'(Micklethwait and Wooldridge 2010)의 일반적 경향에 포함된다고 생각한다. 종교적 부흥의 주된 흐름과 관련하여, 본래 자유주의 신학자였으나 최근 오순절 성령운동의 폭발 현상에 관심을 갖게 된 하비 콕스(Harvey Cox)는 기독교의 발전사를 검토한 다음 신앙(faith)은 부흥하고 있는 반면에 도그마(dogma, 교리)는 사멸하고 있다고 보면서, "영적이고 공동체적이며 진리를 추구하는 차원이 21세기 현재 종교(특히 기독교)의 부흥에서 가장 두드러진 주도적 방향"(Cox 2009, 213)이라고 주장한 바 있다.

끝으로, 필자는 종교란 '초월적인 힘'과 소통하고 교환하는 상대적으로 자율적인 영역이며 종교적 신앙의 특수한 내용이 인간의 자아, 정체성, 공동체, 조직과 운동 등을 구성하는 데 매우 중요한 것이 되어야 한다는 주장(Riesebrodt 2003; Smith 2008)에 기초한 종교사회학의 새로운 패러다임이 최근 '문화적 부조화'(Stark and Wang 2015, 90)로 인해서 '영적인 박탈감'을 겪고 있는 중국인들의 종교 선택(특히 개신교의 부흥현상)을 심층적으로 이해하는데 잘 적용될 수 있다고 본다.

# 참고문헌

김성건. 1991. 『종교와 이데올로기』. 서울: 민영사.

_____. 2013a. "현대 종교사회학의 전개와 새로운 패러다임." 김성건 외. 『21세기 종교 사회학』. 서울: 다산출판사.

_____. 2013b. "종교와 발전에 관한 이론적 검토 - 종교사회학을 중심 으로." 「담론201」 16-3: 95-117.

_____. 2016. "종교의 미래: 사회학적 전망," 「담론201」 19-1, 103-125

마크 R. 멀린스. 2019 『일본의 종교: 토착교회 운동』(김성건·이숙희 옮김). 서울: 다산출판 사.

밀러, 도날드·테쓰나오 야마모리. 2008. 『왜 섬기는 교회에 세계가 열광 하는가? 기독교적 사회참여의 새로운 모델, 성령운동』(김성건·정종현 옮김). 서울: 교회성장연구소.

Abercrombie, N., S. Hill, B. S. Turner. 1980. *The Dominant Ideology Thesis*. London: Allen & Unwin.

Aikamn, D. 2003. *The Beijing Factor: How Christianity is Transforming China and Changing the Global Balance of Power*. Washington, D.C.: Regnery.

Bays, D. 2003. "Chinese Protestant Christianity Today." In *Religion in China Today*. Edited by D. L. Overmyer. Cambridge: Cambridge University Press, 182-99.

Bennett, John C. 1966. *Christianity and Communism Today*. fifth edition. New York: Association Press.

Berger, Peter L. 1977. *Facing Up to Modernity: Excursions in Society, Politics, and Religion*. London: Penguin Books.

Chen Cunfu and Huang Tianhai. 2004. "The Emergence of a New Type of Christians in China Today." *Review of Religious Studies*, 46-2, 183-200.

Cox, Harvey. 2009. *The Future of Faith*. New York: HarperOne.

*Economist*. 2007. "When Opium Can Be Benign." February 1st.

Ferguson, Niall. 2011. *Civilization: The West and the Rest*. New York: Penguin Books.

Flatt, Kevin. 2013. *After Evangelicalism; The Sixties and the United Church of Canada*. Montreal: McGill-Queen's University Press.

Gilbert, A. D. 1976. *Religion and Society in Industrial England: Church, Chapel and Social Change 1740-1814*. London: Longman.

Halevy, Elie. 1938. *A History of the English People in the Nineteenth Century*, 3 vols. London: Penguin Books.

Haskell, David Millard, Kevin N. Flatt, Stephanie Burgoyne. (2016). "Theology Matters: Comparing the Traits of Growing and Declining Mainline Protestant Church Attendees and Clergy." *Review of Religious Research*.

Hobsbawm, E. J. 1962. *The Age of Revolution*. London: Cardinal.

Jenkins, Philip. 2002. *The Next Christendom: The Coming of Global Christianity*. New York: Oxford University Press.

Jiwei Ci. 1994. *Dialectic of the Chinese Revolution*. Stanford: Stanford University Press.

MacIntyre, A. 1967. *Secularization and Moral Change*. London: Oxford University Press.

Marx, Karl. 1963. "Contribution to the Critique of Hegel's Philosophy of Right." *Karl Marx: Early Writings*. Edited by T. H. Bottormore. New York: McGraw-Hill.

Micklethwait, John and Adrian Wooldridge. 2010. *God Is Back: How the Global Revival of Faith Is Changing the World*. London: Penguin Books.

Pew Research Center. 2011. *Global Christianity: A report on the size and distributions of the world's Christian population*.

Riesebrodt, Martin. 2003. "Religion in Global Perspective." In *Global Religions: An Introduction*. Edited by Mark Juergensmeyer. Oxford: Oxford University Press.

Semmel, Bernard. 1974. *The Methodist Revolution*. Portsmouth, NH: Heinemann.

Smith, Christian. 2008. "Future Directions in the Sociology of Religion." *Social Forces*, 86-4: 1561-1589.

Stark, Rodney. 1996. *The Rise of Christianity*. Princeton, NJ: Princeton University Press.

_____. 2008. *What Americans Really Believe*. Waco: Baylor University Press.

Stark, Rodney and Xiuhua Wang. *A Star in the East: The Rise of Christianity in China*. West Conshohocken, PA: Templeton Press.

Tawney, R. H. 1964. *Religion and the Rise of Capitalism*. London: Pelican Books.

U.S. Central Intelligence Agency. (2015). *The World Factbook*. Available at https://www.cia.gov/library/publications/the-world-factbook/geos/tw.html #People [2015. 12. 30 접속].

Weber, Max. 1963. *The Sociology of Religion*. Translated by E. Fischoff. New York: Beacon Press.

_____. 1976. *The Protestant Ethic and the Spirit of Capitalism*. Translated by T. Parsons. New York: Allen & Unwin.

Wikipedia. 2016. "Eastern Lightning." Available at https://en.m.wikipedia.org. [2016. 11. 10 접속].

Woodhead, Linda. 2009. "Introduction: Modern Contexts of Religion." In *Religions in the Modern World: Traditions and Transformations*. second edition. Edited by Linda Woodhead, Hiroko Kwawnami and Christopher Partridge. London: Routledge, 1-12.

Yang, Fenggang. 2007. "Cultural Dynamics in China: Today and in 2020." *Asia Policy* 4, 41-52.

_____. (2012). *Religion in China: Survival & Revival Under Communist Rule*. New York: Oxford University Press. [한글판: 楊鳳崗. 『중국의 종교』. 송재룡·유광석 옮김. 서울: 다산출판사, 2017.]

_____. (2016). "Exceptionalism or Chinamerica: Measuring Religious Change in the Globalizing World Today." *Journal for the Scientific Study of Religion* Vol. 55, No. 1, 7-22.

Young, James D. 1989. *Socialism and the English Working Class: A History of English Labour, 1883-1939*. London: Harvester Wheatsheaf.

# 제6장

## 기독교와 정치

출처: "교회의 정치성과 해결점,"

『교회·국가·이념: 교회의 사회·정치적 위치를 논하다』

제36회 미래교회 컨퍼런스 (연세대학교 원두우 신학관, 2017. 6. 26-27),

연세대학교 신과대학 · 연합신학대학원, 82-99.

## I. 문제 제기: 현 시점에서 왜 한국교회의 정치참여에 대해 논할 필요가 있나?

2016년 말 갑자기 매스컴으로부터 터져 나온 '최순실 게이트'의 결과 치러진 지난 제19대 대통령선거를 앞두고 대한민국은 '촛불'을 앞세운 '진보'와 '애국'을 앞세운 '보수' 세력으로 나뉘어서 격렬하게 갈등한바 있다. 예로서, 1,500여개 시민사회단체 연대체인 '박근혜정권퇴진비상국민행동'(퇴진행동)은 2017년 1월 14일 오후 서울 광화문광장에서 촛불집회를 열었다. 이 집회에서 함세웅 신부는 박종철 열사 30주기를 맞아 "오늘의 촛불평화혁명은 정치권에게 회개를 촉구하고 있다. 국회가 중심이 아닌, 정치인 중심이 아닌 우리 시민과 주권자인 국민들이 주체가 돼 나라를 바꾸고 있다"고 주장하였다.[1] 같은 날 박근혜를 사랑하는 모임(박사모) 등 50여 개 보수단체로 구성된 '대통령 탄핵 기각을 위한 국민총궐기운동본부'(탄기국)도 맞불집회로 이어갔다. 그런데 여기서 주목을 끄는 것은 이 맞불집회에 앞서 오후 1시부터 보수 성향 개신교 단체들이 사전 집회를 개최한 사실이다. 수백여 명의 목사들은 "할

---

1 「중앙일보」, 2017. 1. 14.

렐루야", "아멘"을 외치며 기도회를 한 뒤 대형 십자가를 들고 행진을
했다. 이들은 참가자들과 함께 찬송가를 부르기도 했다. 그래서 당시 이
기사를 송고한 뉴시스는 "강추위 속 '재벌개혁·열사추모' 촛불 ⋯ 보수,
'태극기·십자가 맞불"[2]이란 제목을 붙였다.

　이로써, 지난 2008년 여름 한국사회에서 미국산 쇠고기를 수입하
는 문제가 촉발한 촛불집회를 시발로 해서 최근 최순실 게이트가 촉발
한 박근혜 대통령 탄핵 촛불집회를 계기로 한국 개신교계에서 오랜 난
제인 '보수'와 '진보'의 양분 현상이 불행히도 한층 더 벌어지게 된 사실
을 주목할 필요가 있다. 당초 과학적 토론과 검증이 요구된 쟁점[3]인
2008년 미국산 쇠고기 수입을 반대하는 촛불집회의 의미와 중요성에
대해서 당시 한국 개신교계는 '진보'와 '보수' 진영 사이에 처음부터 사
실상 양분된 태도를 나타냈다. 구체적으로, 개혁 지향적이거나 진보적
신학을 수용하는 숫자로는 소수인 진영에서는 촛불집회에 적극 참여하
면서 촛불집회를 '시대의 양심' 혹은 '예언자의 목소리'로까지 치켜세웠
다. 반면, 보수적인 초대형교회(mega-church)의 담임목사들은 대체로
촛불집회에 대해서 뚜렷이 반대의 목소리를 높였다. 그리고 다수의 보
수적인 복음주의 크리스천들은 촛불집회에 대해서 강하게 반대하거나
혹은 동참하지 않고 일정한 거리를 두면서 동시에 착잡하고도 안타까
운 심정 속에서 이 촛불집회의 추이를 나름대로 지켜보았다고 말할 수

2　「중앙일보」, 2017. 1. 14.
3　2016년 촛불집회를 성공적으로 이끈 대표적 인물로 볼 수 있는 안진걸(참여연대 공동사무처장/
　박근혜정권퇴진비상행동 대변인/성공회대 외래교수)도 최근 공개적인 자리(한국종교사회학회
　정례학술모임, 2017. 5. 13, 경희대)에서 발표("촛불시민혁명이 만들어낸 촛불대선과 정권교체,
　그리고 종교인의 역할")후 필자가 2008년 촛불집회가 갖는 의의에 대해서 개인적으로 어떻게 생
　각하는지 질문했을 때 "당시 미국산 쇠고기와 광우병 유발에 대해서 좀 더 과학적 토론과 검증이
　필요했던 문제"였다고 솔직히 답한 바 있다.

있다.

　최근 한국사회에 만연한 사유(思惟)의 중심잡기를 시도하는 윤평중 교수(한신대/철학)는 『극단의 시대에 중심잡기』(2008)를 통해서 "촛불의 가장 큰 그림자는 촛불을 인화시킨 출발점인 미국 쇠고기의 위험성에 대한 예단과 공포가 사실과 합리성에 근거했다고 보기 어렵다는 점"이라고 지적한 뒤, "촛불을 사회적 망동(妄動)으로 규정하는 것도 거친 단순논리지만, 촛불의 아름다움을 물신(物神)의 높이로까지 격상시키는 것도 새로운 우상숭배"라고 말한 바 있다. 필자는 윤평중 교수의 주장이 이른바 '촛불혁명'이란 말이 매스컴을 지배하게 된 현재의 시점에서도 매우 중요한 성찰을 담고 있다고 공감한다. 이로부터 지난 제19대 대선 정국에서 "내 삶도 비꾸고 세상도 비꾸는 촛불"을 주제로 내걸고 가열차게 전개된 촛불집회 현상에 맞서는 박사모의 중요한 세력 중에서 종교인들 중 유독 보수 진영의 일부 개신교 성직자와 평신도의 존재가 두드러지게 나타났던 사실에 주목하게 된다. 이제 지난 2017년 새로운 문재인 대통령 체제가 출범하여 오늘까지도 집집마다 부부간 또는 부모와 자녀 세대 간 현 시국에 대한 인식의 대립이 여전히 많이 나타나고 있는 문제적 상황에서 '한국교회의 정치참여'에 대해서 논할 필요성이 뚜렷이 있다고 생각한다.

## II. 보수와 진보란 무엇인가?

현 한국사회에서 거론되고 있는 '보수'와 '진보'란 도대체 무엇인가? 진보와 보수, 좌파와 우파의 개념은 책임감 없는 정치인들에 의해 권력 게임에 이용당하면서 오늘의 경제적으로 불안한 시기 속에서 점점 더 극심한 갈등 양상을 보이고 있다. 사전적으로 보수주의(이하 보수, conservative)와 진보주의(이하 진보, progressive)는 '정치적' 개념이다. "인간 활동 안에서 갈등의 문제가 일어나는 원인이 어디에 있는가?"라는 질문에 보수는 기존의 시스템(제도 및 정책 등)에 존재하는 문제보다는 '개인'의 문제가 더 크다고 보고, 진보는 개인이 해결할 수 없는 근본적인 문제가 바로 기존 '시스템'의 문제라고 보는 견해라고 종종 일컬어진다. 이런 측면에서 국내의 진보적 사회학자로 알려진 이항우 충북대 교수는 최근 이념과 정책 지향에 따라서 좌파는 평등, 분배, 국가 역할을 강조하는 반면에 우파는 자유, 성장, 시장 역할을 강조한다고 비교했다. 또한 그는 진보/보수는 현존 질서의 유지와 변화에 대한 태도에 따라 구분이 가능하다면서 진보는 사회적 약자와 소외 계층의 이익을 옹호하는 반면에 보수는 사회적 강자와 기득권 집단의 이익을 대변한다고 간단히(?) 비교한 바 있다(이항우 2017).

그렇다면 진보와 보수는 어떻게 한 개인의 정치 성향이 되는 것일까? 이제까지 사람들의 정치 성향은 보통 부모, 교육, 민족, 문화, 성별, 직업, 소득과 같은 사회적 요인이 결정하는 것으로 알려져 왔다. 그리고 이 같은 판단은 필자 같은 사회학자들의 전통적인 영역으로 이해되었다.

그런데 최근 들어 유전학, 뇌과학 등의 분야에서 진보주의와 보수주의가 어떻게 개인적인 정치성향을 형성하는 지를 규명하는 연구들이 진행되고 있다. 최근에는 진보적인 사람들과 보수적인 사람은 아예 뇌 구조 자체가 다르다는 연구결과도 발표되었다.[4] 이들 연구에 따르면, 보수적인 사람들은 정치적 성향이 자유주의적 좌파인 사람들에 비해 상대적으로 우측 편도체(amygdala)가 더 컸는데 이곳은 공포와 혐오에 관여한다. 또한 유전자가 정치성향을 결정하는 데 영향을 미친다는 연구도 있는데, 이 연구에 따르면 도파민을 조절하는 'DRD4-7R'이라는 유전자의 대립형질을 가진 사람들은 주변 친구들보다 새로운 것을 추구하는 성향이 강했으며, 이런 사람들은 정치적으로 현재 상황의 지속을 바라는 보수주의보다 진보주의를 선택하는 것으로 나타났다. 그리고 정치성향과 성격의 상관관계를 분석한 한 연구(Hirsh et al. 2010)에 따르면, 질서를 지키고 덜 개방적이며 예의 바른 사람은 비교적 보수적인 성향을, 유쾌하고 감성적이며 동정심과 평등의식이 높은 사람은 진보적인 성향을 띠었다. 이로써, 유전자의 차이나 뇌의 구조의 차이로 인해 변화에 대한 태도가 다르다는 사실을 이해한다면, 서로 성향이 다르다고 해서 그 자체를 비난해서는 안 될 것이다. '다르다'는 말을 '틀리다'로 사용하는 언어습관이 여간해서 고쳐지지 않는 상황에서 이러한 실험결과는 다른 것은 틀린 것이 아니라는 상식이 설득력을 얻게 한다.

한편, 최근 미국의 심리학자들의 연구에 따르면, 진보주의자들이 보수주의자들보다 덜 행복한 이유는 진보주의자들은 사회 속의 불평등의 정도를 합리화하는데 이념적으로 보수주의자들보다 덜 준비가 되었

---

**4** 「브레인미디어」, 2017. 1. 16.

기 때문이다. 이것을 학문적 용어로 표현하면, '체제 정당화'(system jus-tification)이다. 이런 측면에서 미국의 통계 데이터는 보수주의자들이 자유시장 체제를 진보주의자들보다 한층 긍정적으로 본다는 것을 말해준다. (참고로 최근 한국의 경우 국민의 약 63%가 자유시장 체제를 긍정한다는 통계 결과가 나온 바 있으나, 이 통계가 보수주의자들과 진보주의자들을 구분하여 두 집단을 비교한 것은 아니었다.) 미국에서 보수주의자들은 미국인 개인이 자신의 성취에 기초하여 앞으로 나아갈 수 있는 능력이 있다고 믿는다. 반면에 미국의 진보주의자들은 사람들을 환경과 억압의 희생자로서 바라보는 경향이 더 많고, 그래서 개인들이 정부의 도움 없이 자력으로 상승이동을 할 수 있다는 것을 의심한다. 달리 말해서, 보수주의자들은 사람들이 비록 서로 다른 기회를 갖고 출발하지만 열심히 일하고 참고 견디면 통상 환경의 불리함을 극복할 수 있다는 데 동의한다. 반면에 진보주의자들은—심지어 상위 소득층의 진보주의자들마저도—이 같은 생각에 대해서 대체로 부정적이다. 간단히 말해서, 진보주의자들은 공정하고 진보된 사회를 경제적 평등의 제고라는 측면에서 정의한다. 진보주의자들은 그들이 정의한 사회문제에 대해서 보수주의자들이 상대적으로 별로 큰 고통을 느끼지 않고 있다고 본다. 그래서 진보주의자들은 보수주의자들의 행복을 비난한다.

최근 퓨리서치 센터의 히스패닉(Hispanic) 조사 총책임자인 마크 휴고 로페즈(Mark Hugo Lopez)는 라티노(Latino) 유권자의 약 20-25%가 정치적 견해가 보수적이어서 공화당을 지지한다고 보면서 지난 2016년 미국 대선에서도 이들이 도널드 트럼프(Donald Trump)를 지지하였다고 분석하였다(Lopez 2016). 이 대통령 선거 직전 미국 내 거의 모든 주류(主流) 언론은 힐러리 클린턴(Hilary Clinton)의 승리를 예상한 가운데 트럼프의 승리를 유일하게 예상했던 LA 타임즈의 최근 기사[5]는 주위의 조롱과 비난에도 불구하고 트럼프를 찍은 이들 소수 라티노들은 미국이 현재 잘못된 방향으로 가고 있는데 트럼프가 자신들이 믿는 가치를 대변하면서 미국을 올바른 방향으로 가도록 만들 수 있을 것이라고 생각한다고 보도하였다. 미국에서 한국계를 포함하여 다양한 이민자 같은 소수집단은 전통적으로 진보적인 민주당의 지지자인 것이 주지의 사실이다. 그런데 로페즈에 따르면, 미국의 라티노 유권자 중에서 전통적으로 진보적인 민주당이 아닌 보수적인 공화당에 더 기울고 있는 두 개의 집단이 있는 데 바로 쿠바계 미국인들과 복음주의 라티노들이다. 흥미로운 것은 한국의 경우에도 가장 보수적인 우파 집단이 바로 북한 출신 실향민과 복음주의 크리스천이라는 사실이다.

위에서 살펴본 (미국에서의) '정치적 이념과 행복의 관계'가 일차적으로 '세대'의 라인을 따라서 '보수'와 '진보' 양 진영으로 확연하게 갈라진 현 한국인에게도 그대로 적용된다고 말하는 것은 무리일 것이다. 그렇지만 필자는 현재 한국인을 '보수'와 '진보' 진영으로 갈라놓고 서로 갈등하게 만드는 요인들 중 앞으로 사회과학자들이 좀 더 연구가 필요한 측면이 바로 양 진영이 서로 다른 '라이프스타일'(life style)과 '세계관'을 선호하고 있는 점이라고 본다.

이런 측면에서 필자는 한국에서 지난 2012년 12월 19일 치러진 대통령 선거에서 많은 이들의 예상을 깨고 보수 우파 진영의 새누리당 박근혜 후보가 진보 좌파 진영의 민주통합당 문재인 후보를 약 108만 표라는 근소한 차이로 이기고 대통령에 가까스로 당선된 사실을 중시

[5] 「브레인미디어」, 2017. 1. 17.

하면서 대선으로 드러난 한국사회 이념 양극화의 해법을 제시한 바 있다(김성건 2013). 이 때 필자는 "나의 옳음과 그들의 옳음은 왜 다른가"라는 의미심장하면서도 흥미로운 부제가 붙은 『바른 마음』(*The Righteous Mind*, 2012)의 저자인 사회심리학자 조나단 하이트(Jonathan Haidt)의 혜안에 주목하였다. 스스로 열렬한 리버럴(liberal, 진보주의자)이라고 생각했던 하이트는 이 책에서 인간의 본성에 대한 깊은 인식을 갖고서 정치적 담론 일반 특히 (선거에서 패배하는) 진보주의 진영을 주독자로 삼아 "사람들은 근본적으로 합리적이지 않고 직관적이라는 것"을 설파하였다. 만일 당신이 타인들을 설득하고자 한다면, 당신은 그들의 '이성'보다 '감정'(정서)에 호소해야 한다.

정치에 대해서 많은 사람들이 묻게 되는 질문 곧, "왜 상대편(반대 진영)은 이성에 귀를 기울이지 않는가?"에 대해 하이트는 답한다. 우리는 이성을 경청하도록 결코 디자인되어 있지 않다. 그렇다고 사람들이 추론을 하지 않는다는 것은 아니다. 물론 사람들은 추론을 한다. 그러나 그들의 주장은 당신의 주장이 아니라 그들의 결론을 지지하는데 목적이 있다.

하이트에 따르면, 노동자들이 보수당의 메시지를 좋아한다면 이것은 보수당의 메시지 안에 그들이 좋아할 만한 '무언가의 가치'가 존재하기 때문이다. 따라서 보수주의가 살아남는 것은 이 보수주의가 사람들이 어떻게 사고하는 지에 들어맞기 때문이며, 그래서 이것이 바로 보수주의를 타당하게 만들어준다. 보수당에 투표하는 노동자들이 바보가 아니다. 하이트의 말을 빌리면, 이 노동자들은 그들의 '도덕적 이익'을 위해 투표하고 있다. 한국의 18대 대선은 물론 얼마 전 치러진 19대 대선에서도 보수 후보를 월소득 800만원 이상의 부자들이 지지한 것은 사실로서 이는 상식적으로 납득하기 쉬운 일이다. 그렇지만 월소득 200만원 이하의 저학력, 노령층에서 18대 대선에서 박근혜 후보를 그리고 놀랍게도 최근인 지난 19대 대선에서는 홍준표 후보를 지지한 것은 여러모로 시사적이다.

그렇다면 이제 우리 앞에 놓인 과제는 보수와 진보의 이념을 필두로 세대별, 지역별, 계층별 등으로 뚜렷이 나뉘어서 갈등하는 현 한국 사회가 과연 어떻게 이 같은 양극화를 극복할 수 있는 가이다. 앞의 논의를 바탕으로, 이제 우리는 우리의 이데올로기적 분리를 깨뜨릴 필요가 있다. 여기서 주목할 측면은 인류 역사상 최고의 아이디어 발명으로 일컬어지는 '인터넷'이 오늘날 '보수'와 '진보'의 쏠림 혹은 양극화를 개선시키기는커녕 오히려 '악화'시키고 있는 사실이다. 그 이유는 인터넷이 이것의 사용자들로 하여금 오로지 그 자신의 관점을 지지하는 증거만을 찾도록 도와주기 때문이다.

한국에서도 사정은 미국 같은 세계 선진국들과 크게 다르지 않다고 본다. 즉, 인터넷의 포털 사이트의 검색 항목에 각자가 관심을 갖는 것을 쳐넣는 순간 동일한 의제나 사건 혹은 현상에 대한 완전히 상반된 정보가 서로 각축하듯 나타나는데, 이때 하이트가 말하는 '느린 이성'보다는 '빠른 직관'이 작동하여 우리는 자신의 관점을 지지하는 정보만을 수용하고 그 결과 우리의 편견은 한층 강화되고 있다고 말할 수 있다. 한 예로서, 아직도 천안함 사건에 대한 한국의 보수와 진보 진영 간에 분열된 의식은 '정보의 보고'라고 칭송되는 인터넷의 어두운 폐해를 잘 보여준다고 할 것이다. 한국사회의 양극화를 풀기 위해서는 무엇보다도 인터넷의 '명암'(明暗)에 대하여 좀 더 심층적인 인식과 그로부터 현명한 구체적인 대처 방안을 마련하는 것이 필요하다고 생각한다.

# Ⅲ. 기독교와 정치의 관계

영국의 복음주의 신학자 존 스토트(John Stott)의 뛰어난 안목(Stott 2006, 33)을 따라, 먼저 '기독교와 정치'의 관계를 규명하는 것은 두 가지 이유에서 매우 중요하다고 본다. 첫째, 종교의 정치 참여에 대해 지나치게 조심하는 사람들에게 기독교가 정치에 적절하게 참여할 수 있으며 이것이 우리 크리스천의 소명의 한 부분이라는 것을 일깨워주기 때문이다. 둘째, 정치에 깊숙이 참여하는 크리스천에게는 정치 참여의 한계와 '복음을 정치화'(politicizing of the gospel)하는 것의 위험을 알아차릴 수 있도록 그들의 소명의 경계를 밝혀주기 때문이다.

'기독교와 정치'의 관계는 역사적으로 매우 복잡한 주제이다. 교회사를 통해서 볼 때, 이 '기독교와 정치'의 관계를 놓고서 합의보다는 불일치가 한층 빈번하게 나타났다. 또한 '기독교와 정치'의 관계는 현대 정치에서도 기독교 우파와 기독교 좌파 사이에 불일치의 근원이 되고 있다. 이 점에서 한국의 상황도 예외가 아니다.

보다 구체적으로, 현재 기독교계에는 우파, 좌파, 그리고 무정부주의 이상 세 가지 입장이 존재한다. 잘 알려져 있듯이, 이 세 진영은 구약 및 신약 성서의 구절 중 특정 구절을 강조하는 것을 통해 각각의 정치적 견해를 수립 혹은 정당화하고 있다. 주류(主流) 보수 신학자들과 기독교 우파는 로마서 13장 1-7절 말씀을 근거로 하여 하나님이 사회질서를 유지하는 주된 도구로 국가를 성화(聖化)시켰기 때문에 크리스천은 국가를 지지해야만 하고 또한 요청받게 되면 칼을 휘둘러야만 한다고 해석한다. 반면에 기독교 좌파는 사도행전의 여러 구절(특히 2장 44-45

절)을 근거로 이상적 사회는 기독교 사회주의 혹은 기독교 공산주의에 기초해야만 한다는 것을 의미한다고 해석한다. 다음으로 기독교 무정부주의 기초로서 가장 중요한 성서의 구절은 산상수훈(마태복음 5장, 누가복음 6장)이다. 그로부터 기독교 무정부주의는 폭력과 저항을 반대하고 평화를 추구한다.

이렇듯 기독교 내부에서 오늘날 정치에 대한 다양한 입장이 현실로서 존재하는 상황에서, 기독교 관점에서 '좋은 정치'(good politics)를 한마디로 정의하는 것은 아무래도 해당 크리스천 개인의 주관적 편견이나 가치, 이념, 관점 등이 들어갈 수밖에 없어서 종종 논쟁을 야기할 것이라 생각된다. 그럼에도 불구하고, 아래에서는 우선 정치에 관한 정의를 제시하고, 기독교 관점에서 '좋은 정치'가 과연 무엇을 말하는 것이며, 또한 사회변화를 위한 정치적 선택으로서 민주주의의 본질에 대해 간단히 밝혀 보기로 한다.

필자는 정치학자 데이비드 이스턴(David Easton)을 따라 '정치'(政治, politics)란 "한 사회의(물질과 자원, 권력 등) 제반 가치에 대한 권위적 배분"을 의미한다고 본다. 또한 사회학자 막스 베버(Max Weber)가 정치란 "국가의 운영 또는 이 운영에 영향을 미치는 활동"으로 정의한 것도 중요하다고 본다. 그런데 기독교적 관점에서 '좋은 정치'란 아무래도 예수께서 가르쳐 주신 주기도문의 "(하나님의) 뜻이 하늘에서 이루어진 것 같이 땅에서도 이루어지이다"(마태복음 6장 10절)는 구절이 말하듯이, 간단히 말해서 '하나님의 나라를 이 땅에 건설하는 것'이라고 말할 수 있다. 문제는 과연 '하나님의 나라'(마가복음 1장 15절)가 구체적으로 무엇을 말하는 가이다. 이 질문에 대해 바울은 로마서 14장 17절에서 이렇게 답한다. "하나님의 나라는 먹는 것과 마시는 것이 아니요 오직 성령 안에

있는 의와 평강과 희락이다."(박원호 2015, 24-27)

일반적으로, 신학적 '보수' 진영은 인간의 '죄성'을 강조하면서 인간들이 이 세상에서 추구하는 하나님의 나라에 대해서 근본적으로 '비관적'인 전망을 갖는다. 그로부터 사회 변혁보다는 개인과 가족을 돌보는 것을 추구하며 자비심에 의한 자선적 행위로 대표되는 사회봉사에 치중한다. 반면, 신학적 '진보' 진영은 하나님의 형상을 따라 창조된 인간의 '이성'과 '잠재력'을 강조하면서 인간들이 이 세상에서 하나님 나라를 건설하는 것을 상대적으로 '낙관'하는 경향을 보인다. 그로부터 이들은 '정의'를 추구하기 위해서 사회봉사보다는 주로 사회적 행위 곧, 정치적이고 경제적인 행위를 통해 사회의 구조를 변혁시키고자 한다.

이렇듯 신학적으로 '보수'와 '진보' 진영 사이에 이 세상에서 하나님의 나라 건설에 대한 전망이 크게 다르며 각기 '사회봉사'와 '사회적 행위'를 한층 강조하는 것이 사실이다. 존 스토트는 예수를 따르는 순수한 크리스천의 사회적 관심은 '사회봉사'와 '사회적 행위' 양자를 모두 포함해야 한다고 주장(Stott 2006, 40)한 바 있는데, 필자도 이것에 동의한다. 그는 하나님의 나라의 핵심적 가치라고 볼 수 있는 공공선(public good)과 정의를 향한 사회변혁을 이루어내기 위한 세 가지 정치적 선택으로서 권위주의, 무정부주의, 민주주의를 설명한 뒤, 서구에서 종교개혁이후 구체화된 견제와 균형의 원리에 기초한 민주주의가 중우(衆愚)정치 등의 한계에도 불구하고 인간의 두 측면 곧, 하나님에 의해서 창조된 존재이자 동시에 죄로 인해 타락한 존재로서 인간에 대한 가장 현실적인 관점을 가진 것으로 평가한다.

소결로서, "위로는 하나님을 섬기고 옆으로는 이웃을 사랑하라"(마태복음 22장 37-40절)는 하나님의 지상 명령을 이 세상에서 실현하는 것을 추구하는 기독교 관점에서 '좋은 정치'란 "사회 내의 제반 가치에 대해서 민주 시민들이 이성적 토론과 타협 그리고 선거를 통해 특정 집단이나 정당이 아닌 모든 사람에게 이롭게 되는 '공공선'을 실현하는 방향으로 정의로운 배분을 하는 것"이라고 말할 수 있을 것이다.

## Ⅳ. 종교적 체험과 사회참여의 매개

일찍이 종교적 체험 연구의 거장인 종교심리학자 윌리엄 제임스(William James)는 회심(回心) 경험, 강한 신적 임재의 경험, 위험으로부터의 보호의 경험 같은 종교적 체험의 '사회적' 영향에 주목하였다. 그는 종교적 체험은 삶에서 맺혀지는 열매로서 판단되어야 한다고 주장했다(James 1961, 195). 이로부터 종교적 체험을 한 사람들이 많아질수록 우선 사람들의 영성은 증가하게 되고, 이것은 다시 이들의 전도 등을 통해서 해당 종교 제도를 유지하고 한층 강화시키는 사회적 결과를 낳게 될 것이라고 예상할 수 있다.

종교적 체험은 일반 사회에서도 영향력을 미친다. 미국의 종교사회학자 로버트 우드나우(Robert Wuthnow)는 소그룹에 대한 연구에서 심오한 종교적 체험을 한 사람이거나 영적 각성을 경험한 사람들은 예전보다 더 많이 지역 사회의 현안에 참여한다는 사실을 밝혀냈다(Wuthnow 1994, 329). 곧, 종교적 체험은 신자들에게 시민사회의 영역에 참여하도록 독려하는 동기부여가 될 수 있다. 이것은 신앙적 활동과 그것이

낳는 영적 체험이 사회참여에 긍정적 영향을 미친다는 증거로 볼 수 있다.

　종교적 체험이 시민사회의 자원봉사를 촉진한다는 연구 중에 필자의 주목을 끄는 연구는 미국의 종교사회학자 도날드 밀러(Donald Miller)의 연구이다. 본래 자유주의 신학이 지배하는 성공회 신자인 밀러는 오순절 교회는 방언과 예언, 신유와 초월적인 경험에만 집착하여 사회정치적 참여가 떨어진다는 선입견을 가지고 있었다. 하지만 그가 남아메리카, 아프리카, 아시아의 여러 나라들을 돌면서 관찰하게 된 놀라운 사실은 가장 선진적인 사회봉사 활동을 하고 있는 개신교회는 급성장하고 있는 오순절 교회이며, 그 원동력은 다름 아닌 사람들의 초월적 종교 체험이라는 점이었다(Miller and Yamamori 2007, 6, 221). 성령체험을 한 오순절 교회의 신자들은 개인의 유익을 위해서 사는 것이 아니라 고아와 과부, 가난한 자, 미혼모 등을 돌보며 매우 이타적인 삶을 살고 있다. 성령체험으로 촉발된 오순절 교인들의 영성은 사회를 밝게 만드는 커다란 영향력을 가지고 있었던 것이다.

　종교 체험은 정치적 영역에서도 영향을 미쳐 사회변혁을 가져오는 경우도 있다. 종교 체험이 정치적 영역에서 사회 변혁을 낳은 대표적 예는 마틴 루터 킹(Martin Luther King Jr.) 목사의 흑인인권운동을 들 수 있다. 루터 킹 목사의 인권운동이 그의 깊은 종교적 체험과 묵상, 기도에서 나온 것임은 잘 알려진 사실이다. 종교 체험은 신적 존재와의 만남에서 비롯되는 초월적 감정을 일으키며, 이것은 종종 도덕적 분노를 낳는다. 신을 만난 경험은 우리가 이상적이라고 상정하는 세계상과 현실의 그렇지 못한 상황 사이에 긴장감을 고조시킨다. 그 괴리감에서부터 일종의 도덕적 책임감과 거룩한 분노가 일게 되고, 때로는 그것에 기반한 행동을 취하게 된다. 루터 킹 목사의 깊은 종교 체험은 도덕적 책임감과 거룩한 분노를 낳았고, 그것은 대중의 개혁의지와 잘 조화되면서 미국의 인종차별을 완화시키는 기념비적 운동으로 발전하였다 (Stanczak 2006, 17). 이것은 종교 체험의 정치적·사회변혁적 영향력으로 설명될 수 있다.

지금까지 종교 체험이 사회적 영향력을 미치는 다양한 영역에 대해서 주로 이론적 관점에서 논의하였다. 그렇다면 어떻게 종교 체험이 실제로 사회적인 영향을 미치게 되는지 그 구체적 매개 과정을 시론적 수준에서라도 탐구해볼 필요가 있을 것이다. 한국의 개신교계가 이른바 '사사화'(私事化, privatization)에 치우쳐서 의미있는 사회참여를 거의 못하고 있는 문제적 현실을 놓고 보면, 사실상 모든 종교 체험이 다 사회적 영향력을 가지고 있지 않은 사실에 재주목하게 된다. 왜 어떤 종교 체험은 사회적 결과를 낳는 반면, 어떤 종교 체험은 그렇지 못한 것일까?

종교 체험과 사회참여를 매개하는 중간 다리 역할을 하는 것은 요즘 사회학계에서 새롭게 주목하고 있는 인간의 '감성'(emotion)(Barbalet 2001)이다. 종교 체험은 인간의 감정을 풍부하게 하는 역할을 함으로써 사람들에게 다양한 감정을 일으키는데, 예를 들어 연대의식, 권능감, 초월감과 같은 감정을 형성한다(Stanczak 2006, 106). 그런데 중요한 점은 종교적 체험이 자동적으로 사회적 결과를 낳는 것은 아니라는 점이다. 어떤 종교적 체험은 도리어 사회참여를 가로막는 결과를 가져오기도 한다. 곧, 영적 체험은 전체 사회의 변혁이 아니라 사적(私的)인 방향으로 나아갈 수 있는 가능성이 높아서 영적 체험이 깊어질수록 개인주의화가 조장되기도 한다(Welch et al. 2004). 바로 이 부분에서 중요하게 고려할 점은 종교 체험을 하는 당사자 인간의 반응이다. 초월적 종교 체험만으로는 불충분하고, 그것을 받아들이고 사회적 행동으로 옮기는 인간의 의지와 책임이 요구된다. 달리 말하면, 신적 요소와 인간적 요소 양쪽이 서로에게 반응해야 한다. 그런 상호작용 가운데에서 모종의 에너지가 분출되며, 그것은 종종 인간 세상에 의미있는 기여를 하는 원동력이 된다.

그런데 이와 같은 인간과 신과의 상호작용 속에서 특히 주목할 요소는 신자가 속한 공동체와 그 공동체가 견지하는 신학적, 해석학적 틀이다. 이는 영적 체험이 그 자체로서 가라앉지 않고 곧바로 사회적 참여로 연결되기 위해서는 그 당사자가 속한 신앙 공동체가 일정한 역할을 한다는 것을 의미한다. 미국의 개신교인의 시민사회 참여를 연구한 필립 슈와델(Philip Schwadel)은 개인이나 교단의 신학이 아닌 '교회 공동체의 신학'이 신자들의 사회참여를 결정한다고 주장한다(Schwadel 2005, 160). 교회 공동체는 기독교인의 신앙이 형성되는 주요 장(場)이고 교인들이 교회 밖에서 자신들의 사회적 활동을 해석하는 관점을 제공한다. 특히 신자가 속한 교회가 '보수적'인 신학 기조를 가지고 있다면, 그 사상은 해당 교인들의 세계관과 사회참여에 지대한 영향을 미친다(Schwadel 2005, 167).

이에 더하여 우리가 주목해볼 만한 요소는 신자가 속한 공동체(교회)의 '지도자의 역할'이다. 예로서, 오순절 교회의 신학에 어느 정도의 보수성이 있고 이것은 종종 비정치성을 조장하기도 하는 것이 사실이지만, 그 안에는 진보성(급진성)도 공존하고 있는 것이 사실이다. 그래서 필자는 한 선행연구(김성건 2009a)에서 오순절 성령운동이 급진적 해방신학과 친화성을 가지며 서로 공존할 수 있다는 주장을 펼친 바 있다.

표면적으로 보면 오순절 운동은 정치적으로 보수적이기에 해방신학과는 전혀 어울릴 수 없는 것으로 판단되지만, 실상을 살펴보면 양자가 조화를 이루는 경우들이 남아메리카와 같은 세계 곳곳에서 발견된다. 그렇다면 우리의 관심은 '누가' 어떤 신학적 기조를 선택하여 활용하느냐 하는 것이다. 동일한 성령체험을 하는 교회라고 하더라도 사회적 의식이 깨어있는 목회자가 사회변혁적인 요소들을 설교하고 가르치면 그만큼 교인들의 사회참여를 늘릴 수 있다(McRoberts 1999, 61).

## V. 한국교회 내 '보수'와 '진보'의 대치적 갈등

한국 개신교의 진영은 한편으로는 본래 보수적인 신학을 고수했던 미국 북장로교의 선교지역으로서 평양신학교와 숭실대학교가 자리했던 서북(평안도) 출신과 영남 출신 지도층 교계 인사들의 결합으로 다수 집단인 '보수' 진영이 성립되었다. 그리고 다른 한편으로는 자유주의 신학을 수용한 캐나다 장로교의 선교지역이었던 함경도 출신과 전라도 출신 일부 지도층의 결합으로 한국신학대(현 한신대학교)로 상징되는 소수 집단인 '진보' 진영이 성립되어 오늘에 이르게 되었다고 말할 수 있다. 이런 맥락에서 한국사학자 이만열은 지금부터 약 한 세대 전인 1989년 당시 한국 사회의 민주화와 개방화 흐름에 주목하면서 "세계기독교사상의 한국 기독교"라는 논문을 통해서 한국 개신교에서 보수와 진보의 상호 수렴은 한국의 사회문제, 민족문제에 접근하는 기독교의 새로운 모습으로 나타나게 될 것이라고 긍정적으로 전망한 바 있다(이만열 1989, 127).

그러나, 최초의 문민정부로서 개신교 장로 출신 김영삼 대통령 체제였던 1994년 당시 기독교계에서 처음으로 보수와 진보 간에 남북통일을 위한 연합운동이 잠시 펼쳐진 사실에도 불구하고, 필자의 견해로는 오랜 시간이 지난 현 시점에 와서도 아직 보수와 진보 사이에 거의 양극화 현상을 노출하고 있는 한국 교회에서 진보적 기독교와 보수적 기독교가 가까운 장래에 실질적으로 만날 수 있는 가능성은 불행히도 그다지 크지 않다고 생각한다. 구체적 예로서, 진보적 견해를 대표하는 한국기독교장로회(기장) 총회는 그동안 미디어법과 쌍용자동차 노조 문제, 용산 참사, 남북관계 등에 대한 이명박 정부의 태도가 '반(反)성서적'이라고 규탄하였다.[6] 반면에, 보수 개신교 세력은 지난 2009년 6월 노무현 전 대통령이 서거하고 민주주의 회복을 위한 시국선언이 뒤따랐을 때 개신교 장로 출신(소망교회) 대통령 이명박 정부의 구원자 노릇을 하는 모습을 보였다고 세간에 알려졌다. 즉, 당시 조용기, 정진경, 엄신형 등 기독교 원로 목사 33명은 "소수의 지식인이 발표한 편향된 입장이 사회 근간을 해친다"라는 내용의 성명을 냈다. 그리고 한국기독교지도자협의회는 보수 언론을 대표하는 조선일보에 "어둠의 세력을 몰아내주소서"라는 제목으로 광고를 냈다.

이로써, 한국사회의 오랜 보수와 진보 사이의 이념 논쟁과 나란히 개신교 내부에서도 한국기독교총연합(한기총)이 대표하는 '보수'와 한국

---

6  참고로, 2007년 8월부터 이듬해 6월까지 한미 자유무역협정(FTA) 반대 시위를 주도한 기장 출신의 한상렬 목사(전주 고백교회)가 기소 9년 만에 최근 대법원에서 징역형이 확정된 바 있다(『연합뉴스』, 2017. 6. 5).

교회협의회(KNCC)가 대표하는 '진보' 진영 간의 갈등이 약화되기는커녕 오히려 심화되고 있다. 곧, 한국사회의 이른바 '남남갈등'은 2008년 여름 논란을 자아낸 촛불집회와 그리고 특히 KNCC 정의평화위원회가 주최하고 광우병기독교대책회의가 주관한 '시국기도회'를 통해서 극적으로 잘 드러났다고 볼 수 있다. 최근 사드배치를 둘러싸고 '남남갈등'이 일어난 바 있는데, 이는 2017년 6월 5일 사드 배치 철회를 위한 평화기도회 참가차 사드 배치 부지인 경북 성주군 소성리 롯데골프장과 진밭교의 원불교 평화교당을 찾은 KNCC 소속 목회자와 평신도들이 "사드 가고 평화 오라"는 구호를 외치며 평화를 염원했다는 한 인터넷 교계 언론 기사[7]에서도 잘 증명된다 할 것이다.

현재 개신교의 진보진영은 보수 개신교 세력 가운데 일부는 친일·친미·친군부·친재벌 세력과 맥을 함께 한다고 비판하고 있다. 그리고 진보진영은 보수진영이 3·1절, 광복절 등에 대규모 기도회를 열고, 반김대중, 반노무현, 반북노선에 나서자고 선동하고 있으며, 교회 안의 진보 세력의 움직임에 대해서는 정교분리에 위배된다고 비난하고 있다고 지적한다.

한편, 필자는 최근 한 논문(김성건 2009b)을 통해서 현 한국사회에서 나타나고 있는 '문화적' 갈등이 대체로 보수세력과 개혁세력 간의 대결 양상을 보이고 있는 가운데, 이런 '문화전쟁'(culture war) 곧, 세계관의 차이가 빚어내는 갈등은 특히 개신교 내부의 보수진영과 진보진영 간에서 한층 뚜렷이 드러나고 있음을 논증한 바 있다. 곧, 한국사회에서 최근 쟁점이 되고 있는 양심적 병역거부, 성의 개방과 동성애, 간통제

---

7 「베리타스」, 2017. 6. 6.

폐지 논란 및 양성평등 등을 둘러싸고 서로 상이한 세계관을 갖고 있는 보수진영과 진보진영의 크리스천 간에 대립과 갈등이 날이 갈수록 심화되고 있는 것이 사실이다. 한 예로서, 현재 성소수자 문제를 대표하는 동성애에 대해서 일부 젊은 세대와 개혁세력의 수용적 태도 및 이해가 커지고 있는 가운데, 종교계에서는 유독 개신교계 내에서만 최근 들어 보수 그룹과 개혁 그룹 간에 반대와 찬성으로 나뉘어져서 동성애에 대해 확연한 의견 차이를 나타내는 등의 갈등이 나타나고 있다.

이로써, 요약하면 한국 교회 내부에서 보수 세력과 진보 세력은 본래 신학적 차이와 지역주의로 인해 분열되었다. 그런데 최근에 와서는 양 진영이 신학적, 지역적 차이는 물론 이에 더해 이념적, 정치적, 윤리적, 문화적, 경제적 입장에서도 뚜렷이 대조적인 관점을 보이며 서로 대치하고 있다.


## VI. 한국 정치의 갈등구조를 기독교적 관점에서 완화시킬 수 있는 방안


앞에서 언급한 바와 같이, 필자는 한국 정치의 갈등구조가 이념, 세대, 지역, 문화(세계관)의 측면에서 중층적으로 복합되어 나타나고 있다고 보았다. 현재로서는 이 네 가지 갈등의 축 중에서 어느 것 하나도 기독교적 관점에서 완화시킬 수 있는 방안을 찾기가 쉬운 것이 사실상 없다고 판단된다. 하나님과 개인 사이에 교회를 강조하는 반(反)자본주의적 가톨릭과 달리 하나님과 개인 간의 관계를 중시하는 '종교적 개인주의'의 전형으로서 동시에 친자본주의적 성향이 강한 한국 개신교회는 대체로 중산층이 다수인 '보수 우파'로 일찍이 자리매김된 상황이다. 또한, 세대의 측면에서 볼 때, 지난 1988년 올림픽을 전후로 하여 성장이 멈추어 실제적으로 하강세에 있는 한국교회는 최근 저출산 고령화 추세 속에서 자연적 증가가 거의 이루어지지 않는 가운데 기성세대 곧, 중년 및 노년세대의 종교가 된 것이 사실이다(김성건 2015). 그리하여 개교회마다 거의 대다수가 청년층은 축소내지 쇠퇴하면서 고령화가 촉진되고 있다. 다음으로, 보수와 리버럴한 문화 간 갈등의 측면에서 볼 때, 전통지향적인 한국교회는 가족과 보수적 성(性) 등 보수적 문화(세계관)를 가장 대표하는 집단인 것이 사실이다. 이는 동성애 혹은 성적 소수자 문제에 대해 대체로 침묵을 지키거나 수용하는 타 종교와는 달리 한국교회 내에서 보수와 진보 진영 간에 뜨거운 논쟁이 전개되고 있는 데서도 잘 나타난다.

이제 기독교적 관점에 기반하여 한국의 난제인 '지역주의'를 완화시킬 수 있을 것인지에 대해 필자의 생각을 밝혀 보고자 한다. 한국사회는 충(忠)과 효(孝) 같은 수직적 가치에 기반한 유교의 영향아래 아직도 전통적인 학연, 혈연, 지연에 기초한 가족주의(familism) 혹은 집단이기주의(group egoism)가 강하게 작동하고 있는데, 이것은 특히 국회의원 선거나 대통령 선거 때마다 어김없이 고질적으로 나타나고 있다. 최근에는 유권자들이 자신들과 동일한 종교를 갖고 있다고 알려진 특정 후보에게 무조건 몰표를 주는 '종교연'(宗敎緣)이라고 표현할 수 있는 새로운 특수주의가 기승을 부리고 있다. 이스라엘이라는 특정 민족의 종교를 뛰어넘어 예수의 십자가 사건을 통해 모든 인류에게 구원을 갖다 준 기독교는 하나님의 의와 이웃사랑 그리고 공공선 같은 보편주의적 가치를 추구하는 대표적인 세계 종교이다. 그런데 오늘날 한국 개신교회의 교인들(특히 영남과 호남의 크리스천들)이 지연 같은 특수주의보다 보편주의의 바탕 위에서 선거에 참여하고 있는 지 의구심이 든다. 구체적으로, 지역주의의 양 거점이라 할 수 있는 영남의 대구와 호남의 광주에 있는 크리스천들이 과연 무엇을 기준으로 후보자를 선택하고 있을까? 필자의 개인적 관찰에 따르면, 불행히도 대구의 크리스천들과 광주의 크리스천들은 동일한 신앙고백과 주기도문을 암송하면서도 선거에 임해서는 각 고장의 주도적인 정치적 기류에 편승 혹은 동조하여 지역주의적 투표를 하고 있는 것이 부인할 수 없는 사실이다.

필자는 한국 정치의 갈등구조의 중요한 한 축을 형성하고 있는 '지역주의'를 극복하는 데 타종교보다 그래도 보편주의를 신봉하는 개신교가 분명히 일정한 역할을 할 수 있는 잠재력을 한층 더 갖고 있으며, 따라서 이젠 양 지역의 주요 성직자들과 신학자들을 중심으로 인식의 대전환과 반성이 필요하다고 본다. 현재 개신교 주요 교단정치에서도 지역주의가 엄존하는 상황에서 필자의 이 같은 주문은 한갓 이상론에 불과하다고 볼 수도 있을 것이다. 그렇지만 한국교회의 위기를 자각하는 뜻있는 성직자들과 평신도 지도자들을 중심으로 이제는 정말 개신교가 거듭나도록 새로운 운동을 전개해야 할 때라고 믿는다. 구체적으로, 이를 위해 두 지역 간에 교회 간 강단 교류, 찬양대 교류는 물론 학생과 청년들의 연합 수련회, 영호남 간 결혼 장려 프로그램 및 교회가 어떻게 지역주의를 극복하고 그리스도 안에서 한 몸이 될 수 있을 것인가에 대한 대 토론회와 세미나 같은 것들을 꾸준히 개최하고 그 결과를 교계 안팎의 매스컴을 통해 널리 알리는 일이 필요하다고 본다. 그로부터 한국 교회는 한층 성숙한 신앙의 공동체가 될 것이며 동시에 한국교회가 서있는 한국사회의 정치에도 고질적인 갈등구조가 조금은 극복될 수 있을 것이라 생각한다. 현재의 상황에서 한국의 지역주의를 극복하거나 완화하는 데 기여할 수 있는 사회 조직이나 제도 혹은 집단은 그나마 사실상 개신교가 유일하다고 판단된다.[8]

## VII. 결론: 한국교회의 올바른 정치참여를 위한 제언

이상의 논의를 통하여 오늘날 피할 수 없는 현실인 세계화의 흐름 가운데서 기독교 내의 특정 진보적 종파나 집단이 급진적 정치·사회운동과 전략적 차원에서 연대하여 현실참여를 할 경우 이것을 둘러싸고 진보적 참여파와 나머지 기독교계 일반, 특히 보수진영 사이에 나타나게 되는 갈등과 대립의 필연성을 감지하게 된다. 이 점은 과거 이명박 정권 하에서 진보적 종교사회학자 강인철 교수(한신대)가 다음과 같이 예측한 데서도 이미 잘 나타난 바 있다.

이명박 정부가 현재처럼 개신교 진보·중도 그룹과의 협력을 배제하고

---

8  이런 측면에서 필자가 개인적으로 약 30년 동안 활동하고 있는 크리스천 부부로 이루어진 초교파 모임인 사랑의부부합창단(www.lcc.or.kr)은 현재 서울, 부산, 대구, 대전, 광주, 여수 등 전국의 13개 도시에 조직되어 있는데, 한국사회의 난제인 '지역주의'를 거의 완벽하게 극복한 모범적 사례라고 생각한다.

개신교지형을 보수 그룹에게 유리한 방향으로 조정하려 할수록, 개신교 진보·중도 그룹이 사회운동 방식의 정치참여에 의존할 가능성이 더욱더 커질 것이다(강인철 2008, 32).

이 같은 쉽지 않은 '정치와 종교'의 관계 쟁점 및 종교 내부의 보·혁 간 갈등 문제를 극복하기 위해서 필자는 우선 진보적 진영이 정치참여에 몰입하기 보다는 현 시점에서 기독교의 종교적 차원, 곧 '영성'을 새롭게 인식하는 것이 무엇보다도 중요하다고 본다(김성건 1991, 176-77). 이 점은 영국의 진보적 신학자이자 제3세계 사회경제발전 전문가인 찰스 아일리옷(Charles Elliott)이 일찍이 한국의 민중신학을 긍정적으로 평가하면서도 그것이 '부활'의 차원을 무시 또는 잘못 해석하고 있다고 지적한 것(Elliott 1989, 47)과도 연관된다. 반면에 보수주의 신학계, 특히 축복과 번영의 신학을 대표하는 진영은 영광의 '부활'만 강조하면서 고통의 '십자가'는 대체로 무시한 것을 반성하여야 할 것이다. 그리고 보수주의 진영은 지금까지의 틀에 박힌 문자주의적 성서해석에서 벗어나서 예수와 사도 바울의 가르침이 갖는 이데올로기적 성격을 초대교회 당시의 상황 속에 들어가 재검토하여 보다 균형 잡힌 국가관 및 사회관을 정립하는 것이 절실히 요구된다고 본다.

이에 더하여, 날로 깊어가는 한국 사회의 경제 불황과 그 결과 심화되는 '양극화'(김문조 2008) 속에 보수와 진보 간에 이념적으로 심각한 '남남갈등'을 겪으면서 사회 분열이 한층 가속화되고 있는 현 시점에서 한국 개신교는 진보진영과 보수진영 양자 모두 각기 크게 실추된 사회적 공신력을 회복하기 위해서 과거의 잘못을 반성하는 바탕 위에서 정치권력과 과연 어떤 관계를 수립해야 바람직한 지에 대해서 정말 깊이 논의할 시점에 와 있다고 본다. 이에 필자는 한국 개신교계 보수 진영과 진보 진영에 다음과 같이 각각 제안한다.

첫째, 한국사회에서 이미 종교 권력화된 집단으로 비추어지는 보수 진영은 우선 과거 군사독재정권에 협력한 것과 최근 기독교정당을 졸속으로 창당한 것 등에 대하여 공개적으로 반성하여야 할 것이다. 아울러 또한, 한 예로서 지난 17대 국회의원 중 34.4%를 차지한 개신교 의원 중 무려 7명을 배출한 서울 강남구 소망교회, 5명의 의원을 배출한 서울 서초구 사랑의교회, 3명을 배출한 수원 중앙침례교회 등을 비롯하여 보수적인 초대형교회의 저명한 담임목사들은 스스로 국회의원이 많이 출석하는 교회라고 자고자대(自高自大)할 것이 아니라 정치권력과 개신교 간에 과연 바람직한 관계가 어떤 것이 되어야 하는 가에 대하여 특별한 책임감과 함께 한층 더 고민하면서 기도를 통해 하늘로부터 오는 지혜를 구해야 할 것이다.

둘째, 진보 측 개신교 진영은 한국의 산업화 과정이 촉발한 민주화 운동에서 훌륭한 참여와 그 과정에서 어려운 희생을 치르고 온갖 고통을 당한 것이 사실이다. 그렇지만 진보 진영은 김대중 정권이후 지난 노무현 정권까지의 10년 동안 현실 정치에 너무 깊게 참여한 결과 당시 체제에 대해서 신앙 양심상 필요한 비판을 제대로 하지 못하였다. 그 결과 진보 진영은 스스로 도덕성을 상실한 것은 물론 종교 고유의 기능을 감당하는 데도 적지 않은 문제가 있었고, 이는 진보 진영(예: 기독교장로회 측)의 교단과 교회가 최근 현저하게 침체 상태에 빠지게 된 것에서 잘 증명된다 할 것이다. 따라서 진보진영은 그동안 스스로 민주화의 주체 세력이라는 자부심에 너무 깊게 경도되었던 나머지 자신을 객관화 시키지 못했던 한계를 극복하여 과거의 잘못에 대해서 공개적으로 겸

손하게 반성하는 일이 우선 요구된다.

존 스토트는 크리스천이 오늘날 개별적으로 또는 집단적으로 정치에 능동적으로 참여하는 것은 당연한 정치적 책임으로서, 이를 위해서는 이른바 '크리스천의 심성'(a Christian mind)을 개발하여야 한다는 것을 강조한 바 있다. 구체적으로 그는 '크리스천의 심성'을 개발하기 위해서 (1) 쟁점들을 분석하고, (2) 성서를 읽으며, (3) 타인들에게 귀 기울이며, (4) 기도하면서 (5) 마침내 행동을 하여야 한다고 본다. 그런데 여기서 스토트는 개인이나 집단이 아닌 전체로서 교회가 정치에 참여하는 것은 때로는 위험한 것이며 문제가 될 것이라고 본다(Stott 2006, 43-44). 그 이유는 전문화된 현대 사회에서 교회가 해당 쟁점이나 정책에 대해서 요구되는 전문성이 아무래도 떨어질 수밖에 없기 때문이다. 만일 교회가 필요한 전문성이 부족함에도 섣불리 정치적 입장을 표명하였는데 사태가 예상 밖으로 전개될 경우 교회의 공신력에 저하나 실추를 가져올 수 있다. 한국에서 종교단체의 정치 참여를 국민 다수(약 80%)가 뚜렷이 반대하고 있는 것이 객관적 사실이다. 이런 측면에서, 최근 한국 사회에서 뜨거운 쟁점이 되었고 현재까지도 논란을 빚고 있는 미국산 쇠고기 수입과 광우병 문제, 4대강 개발 사업, 제주 해군기지 사업, 미국과의 FTA, 그리고 사드 등에 대해서 일부 교회의 성직자들이 앞장서서 찬반 입장을 공식적으로 표명하며 사회운동을 주도한 것이 과연 적절하였는지에 대해서 지금이라도 진지한 토론과 자성이 필요하다고 본다.

한국 기독교의 정치 참여에 대한 제언으로서, 필자는 선진 민주국가 영국의 크리스천들이 그동안 단일 쟁점에 대해서만 캠페인을 벌이는 등 정치에 소극적으로 참여했던 것을 뛰어 넘어 2001년 이른바 '정치참여연합크리스천'(Christians in Politics)[9]을 결성한 것에 주목할 필요가 있다고 본다. 이 조직은 현재 영국의 주요한 세 정당(보수당, 노동당, 자유연합당)에서 각기 활동하고 있는 서로 정치적 이념이 다른 크리스천들이 한데 모여서 정치가 만들어내는 공공정책에 어떻게 하면 '천국의 가치'가 구현될 수 있을 지 그 방안을 함께 모색함으로써 크리스천이 세상의 빛과 소금이 되고자 노력하고 있다. 구체적으로, 이 조직은 영국의 크리스천 국회의원들로 하여금 쟁점이 되고 있는 특정 사안에 대해서 연구한 결과 각기 의견을 공개적으로 발표하게 하고 이를 토론하는 공론화 과정을 통해 기독교 관점에서 '좋은 정치'가 이루어지도록 의미있는 역할을 하고 있다. 이로부터 필자는 현재 한국의 국회의원 중 무려 약 40%를 차지한다고 알려진 크리스천 의원들 전체를 대상으로 주요한 정당(더불어민주당, 자유한국당, 바른미래당, 민주평화당, 정의당)의 이념에 제각기 동조하는 일반 크리스천들이 가칭 '한국기독교정치참여연합'(한기참)을 조직하여 이 조직의 주최로 공개 토론회와 공청회 혹은 집담회 등을 통해서 한국 사회의 현안 쟁점들을 기독교적 가치 아래 공론화하고 이를 입법 등을 통해 구체적으로 해결하는 방안을 적극적으로 모색하는 일이 현시점에서 긴요하다고 생각한다.

현재 한국교회의 주요 지도자들에게 절실히 요구되는 자세는 미국의 종교사회학자 로버트 벨라(Robert Bellah)의 주장 곧, "한 사회가 발전을 이루기 위해서는 '종교와 정치' 사이에 완전한 '분리'나 지나친 '융합'(밀착)보다는 '창조적 긴장 관계'가 필요하다"(Bellah 1967)는 인식을 수용한 바탕 위에서 그 동안 한국교회의 보수 진영과 진보 진영 모두

---

**9**   http://www.christiansinpolitics.org.uk [2019. 4. 17. 접속]

현실 정치 참여의 방식과 도덕성 측면에서 잘못된 것이 많았음을 겸허히 인정하고, 특히 지도층 인사들이 공인으로서 좀 더 사려 깊게 말하고 행동하는 것이 요구된다고 본다.

마지막으로, 우리 사회의 개신교계는 보수와 진보 진영 모두 최근 종교편향 논란을 계기로 차제에 스스로가 그동안 지역감정으로부터 자유로웠는지 그리고 또한 정치권력과 과연 올바른 관계를 맺어왔는지를 심각히 반성해보면서 종교의 고유한 사명을 다하면서도 동시에 사회발전을 위하여 정치권력과 '창조적 긴장관계'를 갖는 종교가 될 수 있도록 진정 '의식'(意識)과 '제도'(制度) 양면에서 긴요한 올바른 개혁을 이룩해야 할 것이다. 미래사회의 발전과 관계된 한국교회의 과제를 생각해보면, 우선 '영성'(spirituality)과 '사회참여'를 결합한 '섬기는 교회'(Miller and Yamamori 2007), '나누고 돌보는 교회'(이원규 2000, 363)가 되어 실추된 사회적 공신력을 회복해야 할 것이다.

# 참고문헌

강인철. 2008. "한국사회와 한국 기독교의 과제: 한국교회의 정치참여에 관한 종교사회학적 분석." 한국기독교교협의회 선교훈련원 에큐메니칼 아카데미 제1회 "한국사회와 기독교" 심포지엄(2008. 7. 24. 서울 기독교회관 대강당) 주제 발표 논문. 1-34.

김성건. 2004. "한국 개신교회의 정치참여: 사회학적 비판." 「교회와신학」 58, 26-32.

_____. 2009a. "신자유주의 세계화 시대 성령운동의 영성과 해방신학." 「선교신학」 20-1, 185-221.

_____. 2009b. "문화적 세계화와 한국사회의 문화전쟁." 「담론201」 12-2. 한국사회역사학회, 27-52.

_____. 2011. 『한국교회의 현실과 쟁점』. 서울: 프리칭아카데미.

_____. 2012. "기독교와 정치: 미국과 한국의 복음주의를 중심으로." 「담론201」 15-2. 한국사회역사학회, 109-133.

_____. 2013. "대선으로 드러난 한국사회 이념의 양극화, 해법은?" 「뉴스미션」 2013. 1. 9.

_____. 2015. "저출산·고령화 사회와 한국교회." 「신학과 사회」 29-1. 21세기 기독교사회문화 아카데미, 77-106.

김문조. 2008. 『한국사회의 양극화』. 서울: 집문당.

「뉴스파워」. 이재철. "설교의 위기의 중심에 대형교회 있다." 2008. 9. 18.

박원호. 2015. 『우리가 하나님 나라를 몰랐다』. 서울: 두란노.

「베리타스」. [포토] "사드 가고 평화 오라." 2017. 6. 6.

「브레인미디어」. "사설: 서로 다른 뇌를 가진 보수와 진보." 2017. 1. 16.

안진걸. 2017. "촛불시민혁명이 만들어낸 촛불대선과 정권교체, 그리고 종교인의 역할." 한국종교사회학회 정례학술모임, 경희대학교. 2017. 5. 13.

윤평중. 2008. 『극단의 시대에 중심잡기』. 서울: 생각의 나무.

연합뉴스. "'한미 FTA 반대시위' 한상렬 목사 징역형 확정." 2017. 6. 5.

이만열. 1989. "세계기독교사상의 한국 기독교." 『한국사 시민강좌』 제4집. 서울: 일조각.

이원규. 2000. 『한국교회 어디로 가고 있나』. 서울: 대한기독교서회.

이항우. 2017. "보수의 이념과잉, 진보의 정치빈곤: 한국 사회정치의 담론 구조와 전략 2000-2015." 제2회 사회학포럼, 충남대학교 사회과학대학 2201호, 2017. 5. 24.

정종현·김성건. 2009. "종교 체험의 사회적 영향력 - 성령체험을 중심으로." 「담론201」 12-3·4. 한국사회역사학회, 117-36.

「중앙일보」. "강추위 속 '재벌개혁-열사추모' 촛불 … 보수, 태극기·십자가 맞불." 2017. 1. 14.

Barbalet, J. M. 2001. *Emotion, Social Theory, and Social Structure: A Macrosociological Approach.* Oxford: Cambridge University Press.

Bellah, Robert N. 1967. "Civil Religion in America." *Daedalus* 96: 1-21.

Elliott, Charles. 1989. *Sword & Spirit: Christianity in a Divided World.* London: Marshall Pickering.

Haidt, Jonathan. 2012. *The Righteous Mind: Why Good People Are Divided by Poltitics and Religion.* New York: Pantheon Books. [한글번역: 조너선 하이트. 2014. 『바른 마음: 나의 옳음과 그들의 옳음은 왜 다른가』. 왕수인 옮김. 서울: 웅진지식 하우스].

Hirsh, J. B., C. G. DeYoung, Xiaowen Xu, J. B. Peterson. (2010). "Compassionate Liberals and Polite Conservatives: Assoiciations of Agreeableness With Political Ideology and Moral Values." *Personality and Social Psychology Bulletin* 36-5, 655 [DOI: 10.1177/0146167210366854.]

Hunter, James. 1991. *Culture Wars: The Struggle t0o Define America.* New York: Basic Books.

James, William. 1961. *Varieties of Religious Experience.* New York, NY: Collier.

Lopez, Mark Hugo. 2016. "The Latino vote in the 2016 presidential election." Pew Research Center (Hispanic Trends). October 11, 2016.

Los Angeles Times. "Despite Scorn and Criticism, These Latino Voters Don't Regret Voting for Trump." January 17, 2017.

McRoberts, Omar M. 1999. "Understanding the 'New' Black Pentecostal Activism: Lessons from Ecumenical Urban Ministries in Boston." *Sociology of Religion* 60-1, 47-70.

Miller, Donald E. and Tetsunao Yamamori (2007). *Global Pentecostalism: The New Face of Christian Social Engagement.* Berkeley, CA: University of California Press. [한글번역: 밀러와 테쓰나오 야마모리. 2008. 『왜 섬기는 교회에 세계가 열광하는가? 기독교적 사회참여의 새로운 모델, 성령운동』. 김성건·정종현 옮김. 서울: 교회 성장연구소].

Schwadel, Philip. 2005. "Individual, Congregational, and Denominational Effects on Church Members' Civic Participation." *Journal for the Scientific Study of Religion.* 44-2, 159-71.

Stanczak, Gregory. 2006. *Engaged Spirituality: Social Change and Ameircan Religion.* New Jersey, NJ: Rutgers University Press.

Stott, John. 2006. *Issues Facing Christians Today.* 4th edition. Grand Rapids, Michigan: Zondervan.

Welch, Michael, David Sikkink, Eric Sartain and Carolyn Bond. 2004. "Trust in God and Trust in Man: The Ambivalent ole of Religion in Shaping Dimensions of Social Trust." *ournal for the Scientific Study of Religion* 43-3, 317-43.

Wuthnow, Robert. 1994. *Sharing the Journey: Support Groups and America's New Quest for Community.* New York: Free Press.